美育書簡

席勒論美與人性　德文全譯本

Über die ästhetische Erziehung des Menschen : in einer Reihe von Briefen by Johann Christoph Friedrich von Schiller

弗里德里希・席勒——著
謝宛真——譯
國立政治大學哲學系副教授　羅麗君——審定・導讀

〈推薦專文〉

美，在於細節，在於對信念的堅持

凡止文創設計總監／徐璽

細節決定一切。

去年秋末，全公司南下協助一場美濃白玉蘿蔔產業活動，活動結束當晚，未得休息，緊接著在民宿小客廳與客戶開會討論下一個委託案。會議談到一半，一名與會的客戶顧問突兀地對著我大聲說：「我說妳啊！不過一張活動邀卡有必要設計得這麼漂亮嗎？有必要印刷燙金搞精緻嗎？花這些錢幹嘛？」不管大家正在討論別的設計案，他冷不妨這樣說，我雖然覺得好笑，先來個深呼吸，接著正色認真地回答：「精緻文化需要時間積累，每一場活動對外視覺設計，小至一份邀請卡，大到整個活動會場佈置，都是文化實力的展現，也是精緻文化的積累，當然不能小看。對我來說，每一個環節都要嚴肅以對，我們希望參加活動的每一個人，即便是毫無美感體驗的人，都能因為參與過這場活動，在每一個小細節中感受到美，進而體會到客戶對這場活動的認真態度與用心，這就是我對美的堅持。」我的一番真誠告白，顧問當場不太能接受，繼續自言自語一陣輕聲碎唸。

半年之後，可愛的草根派顧問接受委託主辦一場重要的歷史回顧紀念活動，他特地請託我負責全場視覺設計與對外文宣。我開玩笑說：「要省錢，邀請卡隨便印印算了！可以省成本喔！」他立馬大聲說：「不行！邀請卡最重要了，要印美美的，不要怕花錢！場地佈置也很重要，一定要有當年的氛圍，懷舊又溫馨，才能讓與會來賓知道我們籌辦活動的用心。」

豔陽之下，站在徐州路市長官邸場勘的我，彷彿吹來一陣夏日微風，渾身舒暢輕快，又多了一個追求美的同伴啊！

公司裡的每一位年輕同事，完全了解我對美麗事物的堅持。即便別人看不到的細節，也是再三要求，堅持每個細節的完美。我常跟年輕同事說，對於美，堅持久了就是習慣，如同每日呼吸一般自然。這樣的實力養成需要長時間養成，傾倒毀壞卻是一瞬間，當然如履薄冰，絲毫不得鬆懈！因為美感是細節堆砌而成，之後幻化成億萬個微小分子，籠罩自然，左右五感體驗。

而何謂美？美如何界定？

很多人都有疑惑，有人說美是很主觀的，見仁見智。

我倒不這麼認為，美是有所依循，有專業判別，美不可依照個人自由心智而任意發展。假若如此，世上何來美醜之別，席勒又何需大費周章談論何謂美。

在席勒寫給霍斯坦—奧古斯騰堡公爵一封又一封的書信中，從哲學觀點談論美、從過往人類進化的歷史中探究美的形成演化，從而找到美的形體，美是什麼？沒有人可以一言敝之。美是申論題，可以透過文字、形體、音樂描繪傳達意境，營造氛圍，使人感受生命的美好。美是一種個人心智的鍛鍊，是一種風格的體現，也是對生命中大小事物之微小細節的堅持。然而堅持必須花費力氣，付出時間與金錢等種種條件，才能成就美感。但是往往在我們追求美的同時，「有用」這個想法，卻成為美的殺手。凡事以「有用」來考量，美就成為次要，也顯得累贅、不合時宜了。於是「有用」逐漸凌駕在所有美感追求之上，我們在二十一世紀所面臨的美感墮落，席勒早已在《美育書簡》洞悉預告了！

幾百年過去了，我們不僅沒有在美感上獲得長足進展，反而被「有用」打得潰不成軍。隨處充斥便宜行事的醜陋事物，諸如：違章加蓋的鐵皮屋、各種保麗龍製品、各色大大小小塑膠袋、無所不在的白鐵欄杆，甚至公部門及各家學校的紅布條與簡陋的美工文宣！這些不斷蠶食鯨吞美感的沉默殺手，一旦對這些醜陋習以為常，久而久之就會麻痺，進而認同這種美感，人們淡忘對於美感的追求，一切都以「有用」為前提，再美的事物都慢慢枯萎而死絕了。

《美育書簡》是一七九五年發表於《時序女神》雜誌的書信，席勒在詞句引人深思、比喻繁雜的書信集裡，包裹著對美的極大熱情，以及急於想要告知勸進世人的雄心壯志。席勒於信中提到，人之存在的最大任務，在於人的不同面向之中，和理想之人的不變統一性達成一致。

一九〇六年，岡倉天心寫了《茶之書》談茶道，其實真正談論的是美，他對美的種種感受及期望。書中第一章即說明：茶道是一種對「殘缺」的崇拜，是在我們都明白不可能完美的生命中，為了成就某種可能的完美，所進行的溫柔試探。這段話語與席勒意念相近，美的確可以體現在任何事物上，在日本茶道裡繁瑣的細節及儀式，除了美感的傳遞，其實要傳達是一種信念，是一種對美無止盡的追求。

幾十年的設計職涯，每每看到歐洲及日本職人對自身工藝不停歇地追求精進，每個細節再三琢磨，以及不分晝夜地思索步驟與重複嘗試，我不免共感些許憂愁，因為我充分體會這份堅持背後的孤獨及過人的意志。

作家唐諾在《讀者時代》寫到：「一本好書、一部好電影，愈是深沉愈是豐富愈是創新，我們總是很難在第一眼就準確看清它抓住它，就算幸運抓住，我們也難真正的、面面俱到的掌握住它完整的美好，原因很簡單，它總是整體或是局部的，超越了我們當下的閱讀準確，包含我們的知識準備、情感準備及道德準備，於是我們一定得多給自

〈推薦專文〉

跟著席勒思考美和人性

好氏品牌研究室品牌總監／陳易鶴

文明，通常被指向國家或城市物質面及表象上的建設，但最重要的另一個面向，是人性的追求與進化。然而，人性的進化卻是複雜又緩慢的，需要環境的培育、文化的脈絡和形式、學習美感的理解，更將美感內化。物質的建設則在理性思考計畫之下，加上經濟規模計算，短時間就可以體現明顯的成果。

從出生開始，快樂無憂的時期並不長，在你稍有意識開始，就會不斷被環境提醒與告知生存的重要性，從學校裡先習慣「從眾式」的學習方式，以理性的基礎附加功利主義為方針。至於個人成長與深層思考，甚至內在的追求，都是在生活無慮的條件下，才會浮現的問號。慢慢地，理性和外在逐漸壯大，至於感性與內在感受則蒙上一層層的灰塵。進化成長的動力就是美，在多數人的成長環境中，卻無法賦予它任何力量。美是純粹的狀態，美育是形式的教育，美德是邏輯的形成，這一切都可以從兩個基本面向去理解：一個是感受所需的感性能量；另一個是學習之後的形式詮釋，也可以簡化為感覺和思考。

但無可抗拒的是，我們終究要進入社會，而社會是一個大型且專制奴役的工廠，奴隸若要減少苦難，首要條件就是不感覺、不思考，只要聽從指令即可。人一旦進入社會，有求於社會，得利於社會，你交換與付出的就不會只是時間跟勞力，而是，忽略了能夠帶領你成長進化、感覺和思考的靈魂。

消費是基礎，消費得以讓社會工廠建構運作，我們活在社會形構的價值假象之下，努力塑造社會所需要的外在形象、工作階級、生活條件、奢侈需求、符碼象徵，漸漸慣性地往外追求，失去了對內在靈魂的注意力，轉而把生活著重在娛樂消磨，社會大眾對於物質的擁有凌駕於心靈成長之上。

不同時代的社會組成中，多數都還是追求安全感與階級符號的奴性大眾，他們害怕改變、囤積自信，忽略了感覺和真理，因此能夠維持每個階段社會基本的穩定性。然而，進化是宇宙必然的法則，只有破壞才能再生，任何思想運動的形成，甚至於革命，都是進化的契機，都是被一批獨立思想，不滿與叛逆的靈魂所推進。在社會的集體從眾心理與對安全感的追求，這種精神能夠獨立於群眾之上，對社會的提醒、反對當代的專制都是十分珍貴的存有，但多數的獨特性，通常都被群眾視為打擾生活安定的激進力量。

美，除了是靈魂的動力之外，也具有在形式與意念之間潤飾的作用，如果沒有藉著藝術的形式、文學觀看的角度出發，轉換美感的表達方式，讓群眾用類娛樂的角度接受，那麼美就容易受到磨難，因為真理的感覺是從來不變的，要改變的是當代所能接受且觀看真理的形式和解釋罷了。所以人性的進化，才會複雜又緩慢。

席勒，一直擁有反社會專制的思想，他追求思想上的自由，對當時的社會現狀提出挑戰，是典型的叛逆者。在他的文筆美感互相潤飾之下，反而堆疊為文字作品的厚度，轉化成戲劇，而在當時廣受歡迎，

目錄

〈譯序〉

既完成又進行中的探問人性之路

弗里德里希·席勒（Friedrich Schiller），德國文學史上重要的思想家。早年為了成為劇作家，他不惜辭去軍醫一職，過著在經濟上仰賴贊助者與友人的生活，直到一七八九年取得耶拿（Jena）大學的教職後才開始告別貧困窘境。一七九九年定居當時的人文薈萃之地威瑪（Weimar），與歌德（Johann Wolfgang von Goethe，一七四九～一八三二）、維蘭德（Christoph Martin Wieland，一七三三～一八一三）和赫爾德（Johann Gottfried Herder，一七四四～一八〇三）三人在德國古典文學時期（Weimarer Klassik，或稱威瑪的古典主義時期，約介於一七九四～一八〇五之間）共同被譽為威瑪四文傑（Das Viergestirn aus Weimar）。

一七九一年，席勒染上嚴重肺病，但仍潛心於康德哲學的研究。同年五月在一次病危中死裡逃生，才開始休養生息。這段期間他還無法開始教學與學術活動，經由丹麥詩人巴格森（Jens Baggesen，一七六四～一八二六）的引薦，從同年十二月起獲得霍斯坦—奧古斯騰堡公爵[1]與恩斯特・海因里希・馮・舒梅爾伯爵（Graf Ernst Heinrich von Schimmelmann）贊助，才於一七九二年開始將他對美學的研究寫成書信交予霍斯坦—奧古斯騰堡公爵，這一系列書信最初登載於一七九五年的《時序女神》雜誌[2]。

在席勒的《美育書簡》中，讀者一方面能掌握其基本立場是以康德的思想體系為基礎，再進一步開展出他的美學研究圖譜；另一方面，亦能從他在前幾封信對時代與當時文化現象的批判內容中，察覺到他這樣的企圖：反省與探究「人性」內容或曰「何謂人？」這一本質性的問題。海德格（Martin Heidegger，一八八九～一九七六）於《席勒的美育書簡》[3]（*Schillers Brief über die ästhetische Erziehung des Menschen*）中，亦是導引學生先從這樣的提問來閱讀席勒的《美育書簡》：席勒所說的人性（Menschheit）、人（der Mensch）是指什麼[4]？席勒所說的教育（Erziehung）又具備什麼樣的意義[5]？

藉著這一條線索，嘗試把席勒批判與論證要點擷取如下：

第一部分　文化批判

第一封信：其美學研究出發點及構想將以康德式的原則為基礎。

第二封信：批評當時的時代是腐壞的：在哲學、科學、政治各方

1 霍斯坦—奧古斯騰堡公爵，全稱為弗里德里西·克里斯提安二世，斯列斯易格—霍斯坦—宋德堡—奧古斯騰堡公爵（Friedrich Christian II., Herzog von Schleswig-Holstein-Sonderburg-Augustenburg），一七六五～一八一四。在與丹麥的露易絲·奧古斯特公主結婚後，躋身丹麥王室政權。在席勒生病期間，他與恩斯特·海因里希·馮·舒梅爾伯爵共同提供席勒經濟支援，自一七九一年起，提供他數年年俸，每年一千塔勒（Taler，銀幣貨幣單位）。席勒後來將他寫給公爵的信收錄為《美育書簡》。（出處：弗里德里希·席勒文獻官網：http://www.friedrich-schiller-archiv.de/schriften/horen/）

2 *Horen*，席勒在一七九五年到一七九七年間主編的文藝雜誌

3 海德格於一九三六～一九三七年間的大學討論課之課程紀錄。

4 是人文主義的嗎？是整體的人？或是受美學教育薰陶過的人？

5 透過審美來教育？使之成為審美的那種教育？或教育本身是審美的？

面，沒有天才那般的創造力，只有逢迎需求而發展。

第三至四封信：說明人的本性中儘管有感性、知性的對立（不是野人就是蠻人），但也有同時使這兩種對立共同產生運作的可能，而這種能力能產生第三種別於感性與知性的性格（於後續書信中可發現即指美的性格）。

第五至第六封信：批判當代人不是只有感性運作就是只有知性運作，因而產生的時代樣貌與國家體系都不是自由的（只受知性或感性的支配）。此外，強調個人與整體人類之間的關係是個人能夠以提升整體的完滿為目標，而在整體完滿的情況下也不會產生有缺陷的個人。

第七到至第十封信：因而個人首要任務是不再讓內在的人性呈現分裂，其次是以衝動動力代替感性支配或理性支配的狀況。

第二部分　通過「先驗之路」的論證

第十一封信：在人身上可以識別出人格（Person）與狀態（Zustand）這兩種事物。人格對照自由（Freiheit），是無限的與不變動的；狀態對照時間（Zeit），是有限的與變化的。只有這兩者統合才能實現人性。

第十二、十三封信：實現人性的動力來自於形式衝動（Formtrieb）和質料衝動（Stofftrieb，在信中也用感性衝動〔der sinnliche Trieb〕），質料衝動是人感性的動力，形式衝動是人理性的動力，前者使外在事物與我們的內在結合，後者使我們的內在實現於世界中，但這兩者不可互相干涉，應恪守各自範圍。

第十四封信：形式衝動與質料衝動雖不可互相干涉，但彼此是一個相互作用的關係，只有在這相互關係上才成就一個完美的人性概念，但在經驗中，形式衝動與質料衝動是兩個個別事物，只有通過一個中介：遊戲衝動（Spieltrieb）使這兩者共同作用。

第十五封信：形式衝動對照的概念是形象（Gestalt），質料衝動對照的概念是生命（Leben），遊戲衝動則是：活生生的形象（Lebende Gestalt）。這種活生生形象便是人用來稱呼一切美（Schönheit）的事物的名稱。

第三部分　在經驗上呈顯的美之作用

第十六至十八封信：但由於感性的壓迫或知性的壓迫，造成狀態的緊張（angespannt）與鬆弛（abgespannt），而對應著狀態的緊張和鬆弛，美也可區分為融和性的與振奮性的這兩種特質。人在經驗中往往是處於這兩種美的特質的張力中，但在觀念上，理想的美應是這兩種特質的平衡。

第十九至二十封信：在人的身上可以區分出狀態的規定性（Bestimmung）和可規定性（Bestimmbarkeit）。狀態在未受感性作用前仍是無限、處於可規定性的狀態，但一接受感性作用，就會被限制在對象的實在性上。唯有在自由心境（freie Stimmung）中，理想的美才能在感性與理性同時運作時產生，才能夠拋卻物質與道德的強制而達到審美狀態。

第二十一至二十二封信：美的作用便是要將人從感性或理性的強制狀態中帶到審美的狀態。真正的藝術作品就能發揮這樣的作用，不局限於感性的美、強調感官的刺激，也不局限於概念的限制、道德教育的規範。

第二十三封信：因此人首先雖然是自然的人、感性的人，但人也有人格、主動的可規定性，亦即有成為理性的人的力量，而這中介便是要先使人遊戲、自由，先成為一審美的人。而這一過程是文明的任務。

第二十四封信：完整的人性便是從感性的狀態到達審美的狀態，再過渡到道德的狀態。

在最後的幾封信件中，席勒便嘗試說明狀態分殊的型態（感性與知性、規定性和可規定性），這些分殊的對立之統合關鍵便是審美教育，這樣的一種審美教育是指自由的創作、自由的展現，既對抗著感性的箝制與理性的束縛，但又使感性與理性能夠統合運作，如遊戲般的去行動，在規定中創造可能性，並且朝實現目標而去。

席勒《美育書簡》的成書背景正是法國大革命引起當代各方思想家批判反思的時期。就時代的變革而言，往往也是理想與現實互為敵對又互為期盼的時期；就個人而言，古今中外無論任何人都是無可選擇、如被拋擲到世界般地生於社會系統中。現代的我們儘管有著理念與意見百家爭鳴的「自由」社會，但實際又可能只是在眾說紛紜裡迷失方向，或尋求不到自身價值的立足點。在以不帶有特定目的來閱讀此書的心境下，在書信中得以窺見的是一個具有實現理想之動力的人之樣貌，不只是了解了天性中具有的感性或知性力量，而是還能以意志不斷地於理想與現實的對立中探求達到平衡與統一的可能性之人；能經歷在經驗中、在時代發展、歷史的過程中不斷建立與拆解自我的過程。而在批判時代的同時也正是提出好問題的良機，如康德的三大問題：「我能知道什麼？我應當做什麼？我能夠期盼什麼？」把對人的探索從生物學上的意義帶到知識論的、存有論上的意義；如布盧門伯格（Hans Blumenberg）：「什麼是我們想要知道的？什麼是我們可以經驗的？」把對人的探索再帶到文化的意義上，回應這樣的大哉問雖是哲學的任務、人類的任務，但也可以是個人的捫心自問。最後，我謹以此序祝願各位讀者都能在自問與閱讀中享受那其中的苦樂交織。

二〇一八年七月於德國烏柏塔爾（Wuppertal）

〈導讀〉

席勒與人文主義的美育思想

國立政治大學哲學系副教授／羅麗君

席勒是西方近代美學領域中的重要人物；他的主要貢獻是：致力於宣導美學教育，藉之實現建立高尚人格的理想。對他而言，美學不僅研究美之本質及藝術創造的結構，也不只分析人之美感的發生來源，更是一門能夠真正開啟人之本性（humanity）的科學。因此，席勒的美學並非是純粹的藝術理論，而是探討人之存有的哲學思想。

然而，何謂人之本性？對美的研究又如何可能揭示人之存有的本質意義？席勒對這些問題的思考乃源自於對十八世紀歐洲啟蒙運動（Enlightenment）之人文主義（Humanism）思潮的反省；而他對美與人本性的分析則是對康德（Kant，一七二四～一八〇六）之批判哲學（Kant's critical philosophy）的回應。

歐洲的啟蒙運動是一場極力提倡再探人之本性的文化運動，而且其最終的目的是嘗試恢復古代的理想人性。所謂古代的「理想人性」，是指由古羅馬哲學家西塞羅（Cicero，西元前一〇六～西元前四三）和塞內卡（Seneca，約西元前四～西元六五）所建立的有關「人之典型」的觀念（Idea of human ideal）；此觀念規範了「人之所以為人的本性」意義——亦即「人格性」（Personality）一詞的內涵：人應通過自身之精神性（即理性思考）和物質性（即身體感受）的統合運作而去實現福德一致的圓滿生命。這種理想人性的觀念曾於中世紀長時間隱沒在以信仰為本的基督教神學—哲學的權威之下，直至文藝復興時期（The Renaissance），在人欲超越神權控制、建立自身之存在尊嚴的企圖下，它才通過古代哲學的復興而重新受到重視，從此不僅成為該時代之人文主義思潮的主要研究對象，同時更影響到整個近代之哲學人學（Philosophy of Man）的發展——其中包含了啟蒙時期的文化運動。

若從文藝復興時期中之人文主義的研究風潮開始，人之本性的開發與培養於事實上已成就了整個近代歐洲文明的內涵，那麼十八世紀的歐洲人為何需要重新考察人之存有本質、再次強調實現理想人性的重要性？這個問題關涉到近代哲學家於存有學研究上一直無法解決的一個二元論困境。

儘管自文藝復興時期以來，人文主義提倡古代哲學，主張人以自身的理性能力去支配自然本性，藉以實踐具體而完善的生命意義，但是在近代哲學之父笛卡兒（Descartes，一五九六～一六五〇）以「我思，故我在」（cogito, ergo sum）的命題為基礎而嚴格區分心與身——即精神與物質——的二元實體之後，人即面臨一個生命的難題：人無能驅使自身的理性心靈與物質身體進行統合運作，以至於無法為己建構一個具有完整人性的存有生命；因為理性心靈的運作只依循自由法則，物質身體的活動則只服從於機械決定論式的自然因果原則，二者不僅於本質意義上相互對立，於實質運作上也無法相容。[1] 這種二元論難題

1 儘管笛卡兒主張心靈與身體之間具有相互影響的可能性，並且嘗試以松果腺作為二者互動的媒介，但是他的理論並不成功，因此引起後繼哲學家一系列有關「心物問題」（The Problem of Mind-Body）的討論。

糾纏著笛卡兒之後的哲學家；不管是理性主義者（Rationalist）或經驗主義者（Empiricist）皆無法克服之，前者過於強調人之理性思辨的能力，以至於完全無視身體感覺對於人格養成的影響，後者則過於看重身體感覺在知識建構上的角色，以至於貶抑了人之理性的價值。

人之本性的二元分裂和對立，使人文主義者的理想人性遲遲未能真正實現；直到康德提出「判斷力」（Power of Judgement）的理論，二元論難題似乎才可能被消解。嚴格說來，康德並不依循傳統二元論的路線去處理人之心與身溝通的問題，但是，在他明確分判純粹理性（為物質自然設立必然法則）和實踐理性（為人之實踐行為設立意志的自由和自律的法則）二者各自獨立支配的領域之後，即必須面對以下問題：人如何在具體的存活中——即由物質性身體和精神性心靈共構的具體生命——使受制於自然法則的身體能與自由的心靈相互配合，一起完成統一之人格性的養成？康德解決這個問題的方法是，提出理性的第三大功能：判斷力理性。判斷力理性能從受制於因果必然法則的自然之中直觀到心靈自由所追求的「合目的性」，如此一來，機械性的自然就不再排斥精神領域的自由法則，甚至於成為開展後者的場域。就人之存在而言，通過判斷力理性的運作，身體的自然性將符應心靈自由所追求的「最高合目的性」——即「福德一致的至善本身」，並與之共構完善的人格。

席勒身處於歐洲人呼籲人性自覺的啟蒙運動之中，其思考的問題正是人本性二元分裂和對立的困境。在尋求解決之道上，康德的理性哲學——尤其是判斷力理性的理論——曾為席勒提供了指引，但終究為他所棄；因為康德固然以人之三大理性的統攝運作去說明整體人格的完成，但是，當他宣稱「純粹理性為自然立法」、「實踐理性優位」和「判斷力理性對自然之合目的性進行直觀」時[2]，事實上仍將物質性消解於精神性中，自然本身沒有屬己的真正獨立性和價值。席勒認為，人之本性的確是一種二元分裂的結構，兼具著感性和理性兩種特性；前者是由物質性、有限的身體所引起的盲目衝動（Trieb），促使人投身於流變的物質生活中，後者則是源自於絕對且無限的精神力，是形式衝動（Formtrieb）的表徵，為人形構一種理想的人格。表面上看來，感性和理性——感性衝動和形式衝動——是彼此對立的，但是根本上，此二者之間具有一種相互從屬和相互奠基的關係。席勒解釋：因為人於盲目的物質生命中，意識到其感性衝動必須被理性規範，而在建構理想人格時，意識到其形式衝動必須被肉身化成為現實個體——真實的人——才具意義，所以感性和理性二者皆在各自運作的當下發現對另一方的需求，而且基於這種需求，產生了與對方結合的衝動——席勒稱此衝動為「遊戲衝動」（Spieltrieb）。

因為遊戲衝動是人之本性中的感性和理性能力於平衡的關係下自發的表現，所以它表徵了人性的自由；但是這種遊戲的自由並不是任意放肆的行動，相反地，它以合理性的諧調平衡為目的，因此它亦表徵了人性的自律。席勒認為，在遊戲衝動中，人透過本性上的自由和自律，一方面揚棄感性和理性兩種單一的能力，另一方面又結合它們而創造出一種人之存在的新形象——亦即「活生生的形象」（lebende Gestalt）。因為這種活生生的形象表徵出一種和諧平衡的、令人愉悅的美，所以遊戲衝動其實是人從本性中自發運作的一個美的創造過程；

此外，因為這種美的形象表現的是人性之感性和理性諧調平衡的統一狀態，所以美亦成為理想人性——兼具物質性和精神性、福德一致的完善生命——的表徵。

席勒用遊戲衝動去消解人之本性二元論的難題，用美去表徵理想的人格性；這些思想都展現在《美育書簡》之中。但是，席勒書寫《美育書簡》一書的目的並不只是去提供一個建構理想人性的理論而已，亦同時去呼應「啟蒙」一詞的時代意義——人應通過理性自覺而進行自我教育與成長，而這才是他宣導美學教育的初衷。對席勒而言，美

2 康德將人類理性區分成三大分殊功能：純粹理性（reine Vernunft）、實踐理性（praktische Vernunft）和判斷力理性。純粹理性又稱為理論理性（theoretische Vernunft），能使人通過感性而取得的雜多經驗內容依循必然法則而被賦予形式意義，因此是構成有關經驗之現象世界的知識——即自然知識——的主體先天形式條件。實踐理性規範人之意志的道德行動法則，其本身以彰顯善、自由和人格尊嚴為目的，因此於實現人之存在價值上具有優位性。判斷力理性則使人能在自然之中直觀到合乎善之目的性的存有意義；換句話說，判斷力理性是經驗世界（屬於純粹理性規範的領域）和睿智界（屬於實踐理性規範的領域）二者相互溝通的橋梁，藉之，人得以克服自然法則的支配而於感性的生命中實現對善與人格的追求。

學教育並不是單一個人進行自我修養的事件，而是國家應該介入和統籌的政策；因為個體的理想人格必須在政治自由的基礎上才可能得到真正的實現。

席勒的美育思想有其因應時代背景的反省和時代文化的需求。若問我們這些與十八世紀歐洲文明相距遙遠的現代人是否有必要去重讀《美育書簡》、去理解席勒的人文主義之美學思想？在回答此問之前，或許我們應該先仔細思考：現代人的人性具有那些本質內涵？我們是否仍期待一種理想人格性的實現？實現理想人性的可能方法又是什麼？而若我們在眾多思想理論中仍對這些問題的回應毫無頭緒，那麼席勒於《美育書簡》中所陳構的美育思想也許可以帶給我們些許啟發！

第一封信

研究美的起點

承蒙您許可，在接下來一系列書信中，我將把個人在美學與藝術的研究成果呈獻給您。我殷切地感受到這項任務的重要性，也感受到其魅力和榮幸。我會從跟我們幸福生活中最好且直接相關的主題開始談起；而這個主題與人性的道德高尚也相去不遠。我將把美的事物展現在一顆智慧心靈面前；這顆智慧心靈感受並執行著美的所有力量，並且在研究之時，經常免不了會依據當作原則的感覺而承擔著我任務中最困難的部分。

我向您懇求的恩惠，您寬大地視之為我的職責，讓我從事心之所好，並視之為我的功勞。您規定我的行動自由，對我而言不是一種強制，而是一種需求，使我不會因為缺乏學術訓練，不當使用這些形式而陷入褻瀆上等趣味的危險。我的思想，較常創生於自我的單調互動，而非來自豐富的世界經驗或閱讀；我的思想不會否認其來源，寧可犯下各種錯誤，也不願犯下任何宗派成見；我的思想也寧可因自身的缺失而失敗，而不願藉由權威和他人勢力得到支持。

我不會隱瞞您，接下來的斷言大多依據康德式原則[1]；倘若在我的探討過程中，使您回想起其他哲學學派，那便是我的無能，請不要歸咎於康德式原則。對我來說，您的精神自由確實是不可侵犯的。您自己的感受提供我賴以堅信的事實；您自身的自由思考力規範了我應當遵循的法則。

關於康德體系實踐的主要思想，只有在哲學家之間才會有不同意見，但我敢說我能證明，對一般人而言，歷來是一致的。假若這些思想擺脫其技術形式，那麼它們就成為一般理性的古老格言[2]與道德直覺的事實，這些道德直覺是充滿智慧的自然為了讓人們能因清晰的認知而達致理性的成熟所設。但也正是這個技術形式使得真理能顯露在知性面前，卻隱匿在情感之後；因為遺憾的是，一旦知性要掌握感官對象，就必須先毀壞它，就如化學家要先分解才能取得化合物。哲學家也發現，只有先經過人工淬鍊，才能獲得順從的自然作品[3]。為了掌握瞬息千變的現象，哲學家必須將現象銬上規則的枷鎖，將現象美麗的

1 席勒在之後的書信中論及如自然與自由之對立、本質與現象的區分、人的自由活動與道德能力之間的關係等，都可見於康德的《純粹理性批判》（*Kritik der reinen Vernunft*，或稱第一批判）與《實踐理性批判》（*Kritik der praktischen Vernunft*，或稱第二批判）；人因具有知性與感性的兩種對立能力而對美有雙重的判斷，此一觀點也可見於康德的《判斷力批判》（*Kritik der Urteilskraft*，或稱第三批判）。從著作的時間來看，康德論美學問題的重要著作《判斷力批判》於一七九〇年出版，爾後席勒在一七九五年陸續發表《美育書簡》，亦可視為通過康德著作而開始省思美學問題之端倪。

2 一般理性的古老格言，可理解為人類智慧經年累月傳遞的真理。此處表達人們通過一般的思考活動就可以理解明白康德所要傳遞的思想，但在哲學家那裡之所以對康德思想的解讀各有異議，則是因為各自在技術形式層面上的要求不同所致。從這裡可以解讀，席勒認為康德的思想是充分經得起時代思想更迭的考驗，是歷代人們的智慧都認可的。

3 順從的自然作品，指自然在人的研究活動（無論是實證的分析或思維的分析）下，成為人的知識產物。

軀體分割成概念，並把現象那種活生生的精神保存在貧乏的字詞結構裡。當不能再於這樣的臨摹中發現自然的情感時，當真理在分析報告裡顯示為自相矛盾時，這難道還值得奇怪？

倘若接下來的研究，為了使它的對象更接近知性而脫離了感性，也請您稍稍海涵。那適用於道德經驗的，一定也在更高層次上適用於美的現象。美的所有魅力，同樣來自於美的奧祕，一旦需要與魅力的各種元素結合，美也就失掉其本質了。

第二封信

對美學研究的批判

除了讓您的注意力聚焦在美的藝術舞台上，難道我無法更善用您給予我的自由嗎？在現今，尋找一部審美世界的法典，是否多少也有些不合時宜了呢？因為道德的事務提出了更切身的關注[1]，而由於時代需要，哲學研究精神也被強烈要求去研究最完美的藝術作品，建構出真正的政治自由[2]。

[1] 道德的事務指對人之實踐行為的探究，因為它與人類之生活經驗更切身相關而獲得更多關注。

我不願生活在另一個世紀，也不願為另一個世紀工作。人身為國家公民，同時也是時代公民；人生活於社會之中，若想自外於社會風俗和習慣，是不得體也不受認可的，那麼人在選擇事業上，為什麼就沒有義務去滿足數百年以來的需求，符合這樣的品味呢？

這樣的聲音似乎忽略了藝術的優勢，至少是忽略了我所研究的這種藝術。事態的發展已經迫使天才[3]越來越遠離他理想的藝術。這種理想的藝術必須擺脫現實，並適切而大膽地超出需要[4]；因為藝術是自由的女兒，她只從精神的必需而非物質的迫切要求去接收指令。但如今，是需求主宰著一切，墮落的人類卑躬屈膝於需求的專橫奴役。「有用」是這個時代最偉大的偶像，一切的力量都應臣服於它，一切的才智都應尊崇它。在這個粗製濫造的天秤上，藝術的精神沒有絲毫重要性，且並未受到任何鼓勵，進而消失在時代的喧囂市集之中。而在另一個面向上，哲學的研究精神本身的想像力也被蠶食鯨吞。科學越擴展它的勢力版圖，藝術的領域就隨之越發萎縮。

哲學家與世故老成者的眼光都滿懷期待地聚焦在政治舞台上，因為人們相信，人類偉大的命運正在那裡接受審理。如果不參與這個共同的對話，不正表現出那反對社會群體利益而應該受到譴責冷漠？因為這個偉大案件的內容和結果如此緊密涉及每一個自許為人者，且由

2 在亞里斯多德（Aristotle）的《詩學》中認為，藝術（詩歌）能夠以一種容易理解的形式提供普遍真理，同樣也能指引道德真理。對於亞里斯多德的這個看法，十八世紀的德國美學研究大致分為兩種觀點，其一是強調審美經驗的情感影響（例如對悲劇中恐懼和憐憫情緒的淨化，席勒也會在後續的信件中提及這部分），而這是在認知主義的傳統中被低估的。另一觀點則認為，我們對美的回應，都是基於心理力量的自由發揮，它本質上是愉快的，因此不需要認識論或道義上的理由，儘管實際上可能具有認識論和道德好處。這種看法的討論後來成為康德在《判斷力批判》和席勒的《美育書簡》中的美學理論核心問題。基本上，可以說這是一種將傳統審美經驗理論視為認識真理的特殊形式，作為情感的替代體驗，並且也是把精神力量的發揮視為審美經驗理論。在這樣的背景下，對於美和藝術的概念便有其特定的詮釋，如：自由創造之人工藝術的最高對象為「國家政權組織」。

3 此處指「天才」概念，在康德的《判斷力批判》中定義「天才」是天賦的才能，這種才能與模仿的精神完全對立，因此是獨創的、典範性的，不按照一般規律創作，甚至可以制定藝術的規則。在古希臘時期，天才也被視為一種獲得神助的現象，是創造的、非理智能力的。

4 理想的藝術不受需求（具有目的）限制，而且也應當大膽地不畏現代的潮流而這樣要求。

於它的審理方式[5]，它必定特別引起每個思想家的關注。這個問題過去只能透過強者狂妄的權利[6]而予以回應，但現在看來，答案在純粹理性的法庭之前其實是懸而未決的。有能力置身整體中心並將自身個體提升到種屬層次的人[7]，才能被視為理性法庭的陪審員（Beisitzer），所以他既是一個人和世界公民，同時也是這個案件的當事人，他自身或近或遠地與結果有所牽連。因此，在這場大型訴訟裡要裁決的，便不只是他個人的事情而已，同時應該要依據他本身作為一個理性靈魂的能力所規定和授權的那個法則加以討論決議。

能與您這樣一位精神豐富又是自由的世界公民的思想者一起探究這一個議題，並且與您這樣一個美好熱情並獻身人類幸福的心靈一同做出決定，對我而言，是多麼有吸引力啊！我們的地位如此懸殊，且現實世界的種種處境必然造成我們之間的遙遠距離，卻發現仍然能夠在觀念的領域中與您這樣不帶成見的靈魂產生一致的結果，這又是多麼令人驚喜！但我拒絕這迷人的誘惑，並讓美先於自由而行，因為我相信，我不僅能以我的喜好為由取得您的諒解，還能透過各種原則加以辨明。我希望向您證明，這個題材與時代品味的需求並非大相逕庭；為了解決經驗中的政治問題，人們必須透過美學的途徑，正是因為透過美，人們才得以通向自由。但在我尚未使您憶起理性能引導政治法令的原則之前，還無法證明這一點。

5 按前文敘述，這個偉大的案件意指政治舞台，其審理方式即指政治審理（涉及）著人類整體面向。

6 政治上的強者往往具有絕對的權力，席勒將這樣的權力形容為狂妄的。

7 個體指個人，種屬指整體人類。此處意指不僅能夠考慮到個體問題，而且能宏觀地考慮到整體人類問題的人。

第三封信

自然與自由

自然創造人類，並不比自然創造其他作品更好：當人還不能作為一個自由的理智者而行動時，自然替他行動。但人之所以為人，正是因為人並未停留在純粹自然創造他的模樣，而是具有能力，可藉由理性再次回到自然與他一起實現的步驟，並把強制的作品改造成他自由選擇的作品，而從物質的必然層次提升到道德的必然層次。

人從感官的混沌狀態中甦醒，認識到自己身為人，他環顧四周，發現自己已處於國家之中。在人可以自由選擇這種狀況之前，就已經被需求的強制力[1]將他拋到其中；早在人能依循理性法則規定這種狀況之前，強制需求就已經根據純粹的自然法則對之有所安排。身為道德人（moralische Person）[2]，從過去到現在，都無法對這個僅僅因自然規範（Naturbestimmung）[3]而誕生，且僅是依此加以規畫的強制國家（Notstaat）[4]感到滿意；倘若他能就此滿足，那對他而言就太糟了！因此，人用他得以為人的那同一個權利，脫離了盲目必然性的支配，正如同他藉由己身的自由擺脫了其他的支配一樣；僅舉一例，就如同人透過道德去解決和藉由美去淨化那種強加在性需求上的鄙惡特性。所以人便在成年時，人為地彌補他的孩童時期，在觀念中建立一個不透過經驗被給予，而是透過他的理性規範必然地被設置的自然狀態。在這個理想的狀態中，他借用了一個真實自然狀態中未曾認識的最終

1 國家的存在是被需要的，這種需要早在人意識到自己已在國家之中時，就已把人強制在其中。

2 具道德行為的人。

3 康德哲學中的用語，指本性規定。

4 席勒的強制國家（Notstaat）或自然國家（Naturstaat）指的是受盲目物質支配的國家，與道德國家、自由國家相對。

目標[5]，以及他當時沒有能力做出的選擇[6]。現在，他就如此進行，彷彿他正從頭開始，彷彿他是以明澈的觀點和自由決斷把獨立地位轉換為契約地位。無論盲目的任意性多麼細緻又牢固地建造其作品，多麼狂妄地宣稱其作品，以及用尊嚴的假象維護其作品——在這個程序中，他允許將這個作品視為完全不曾發生過；因為盲目力量的作品缺乏權威，所以自由無須屈服於這些盲目力量的作品之下，並且一切都要順服於理性在人的人格中提出的至高無上的最終目標。一個逐漸成熟的民族想要將它的自然國家改造為道德國家的企圖，便是以此方式產生和證成的（sich rechtfertigt）[7]。

儘管這個自然國家（如同每一個被稱為政治體制的國家，其建立之初都肇始於力量，而非法則）與那應當將純粹合法性作為法則來運用[8]的道德人相對立，但自然國家已足以為那個為了符應權力而給予自身法則的物質人（den physischen Menschen）[9]效力。物質人是現實的，而道德人則充滿了疑慮[10]。倘若理性要揚棄自然國家——如果理性想要取代自然國家的地位，那麼它就必須以勇於充滿疑慮的道德人取代現實的物質人，以及勇於以一個僅僅可能的社會理想去取代社會的存在[11]。理性從人身上帶走的，是那些人在現實中占有之物，一旦沒有了這些事物，人便一無所有；故而，理性為人指示出他可以且應當占有的事物。若理性對人有太多期待，那麼它也會為了人、為了即使匱乏也不會損及人之存在的人性，而剝奪其實也是人性本質的獸性；早在人們有時間以其意志掌握住法則之前，理性就已經從人的腳下撤走了自然

5 在真實的自然狀態中，人無法認識到在以自己的理性建立起來的理想自然狀態中所要達到的那個目標。

6 指在真實的自然狀態中，人無法做出在以自己的理性建立起來的理想自然狀態中所能做出的那種選擇。

7 證明自己是能夠從自然走向自由的。

8 指不依賴感性而能夠依據理性自行規定自己（即人的自由）。

9 相對於道德人（自由），只服膺於自然必然性法則的人。

10 服膺於自然法則的人是順從感性的，而道德人是能夠依據理性提出的要求而對抗感性的人、是有所思慮的人。

11 只有接受社會存在的事實，卻沒有對理想社會（道德理想）的想像。

的梯子[12]。

然而最大的顧慮是，當道德的社會在觀念中形成時，絕不允許物質的社會在時間上有片刻停歇，絕不允許為了人的尊嚴而將人的生存置於險境。工匠修理鐘錶時，會先讓齒輪暫停運轉；但要修理這座活生生的國家鐘樓時，為了使它能照常報時運作，就得在運轉狀態中換下滾動中的齒輪。因此人們必須找到一根延續社會的支柱，使得社會能從人們想要解除的自然國家中獨立出來。

這根支柱並不在人類的自然性格中，這種自私且暴力的性格，相較於維護社會，更是以毀壞社會為目標；這根支柱在人的道德性格中同樣罕見，因為這種性格是根據某種前提而加以塑造的，而且因為它是自由且從未出現過的，所以立法者也從未能影響或確切地估量它。所以，重要的是，從物質的性格中區分出任意（Willkür）、從道德的性格中區分出自由——重要的是，使任意和法則彼此一致，使自由依賴於印象（Eindrücken）[13]——更進一步，繼續從物質中移除任意，並讓自由更接近物質[14]，以便製造出第三種性格，這第三種性格從前兩種性格變化而來，在純粹力量的支配與法則的支配之間闢出通道，這條通道不會阻礙道德品格的適當發展，反而能保障不可見的道德感性領域。

12 此句總結前述所言：理性使我們明白我們也需要自然（現實中占有的事物），因為沒有自然，我們什麼都不是，但理性也使我們明白要保留或捨棄哪些屬於自然的事物（例如：保留感性、捨棄獸性），因此在人依自己的理性為自我訂下法則之前，便已經不是完全立足於自然層面。

13 印象指直接呈現給感官的事物。

14 因為康德把自然與自由加以對立，使得理論理性和實踐理性之間也是對立的，席勒在這裡便是說明銜接這兩者的過程：從物質中區分出任意（即指人受感性刺激，但又具有不必然依此被迫行動的任意能力）、從道德中區分出自由（即指人有對抗感性且能回應理性的要求，而自我規定自己的能力），再使任意和道德的自由彼此相一致（即人在自然面受感性刺激，但又能對抗感性的任意與人在道德面提出理由自我規定的能力其實是一致的），那麼任意就非只受自然支配的任意，而是自由的任意，而自由也不只是回應理性訂出法則，也能規定直接呈現在感官前的事物。這個過程即是席勒文末提及的第三種性格，在自然（純粹力量的支配）與自由（法則的支配）之間的過渡。

第四封信

理想國家的體現

只有這樣的性格[1]在一個民族中具有優勢，可以使根據道德原則的國家轉變不受傷害，也只有這樣一種性格可以確保此一轉變持續，這點毋庸置疑。建立道德國家時，需要仰賴道德法則加以推動，且自由意志會被納入原因的範圍[2]，在那裡[3]一切都與嚴格的必然性和連續性彼此相關。但我們知道，人類意志的規定[4]總是偶然的，只有在絕對的存在（Wesen）[5]中，物質的必然性才和道德的必然性相吻合。因此，假若指望人類的道德表現如同自然的成果，那麼這樣的表現必定是自然的，並且，當只有道德的性格可以一直產生這種結果的話，那麼這樣的行動必定是經由人的衝動而產生。然而，人類的意志在義務和愛好之間是完全自由的，人的崇高權利既無法也不允許任何物質強迫[6]干預。倘若人要保留選擇能力，而且要在力量的因果連結[7]中仍是一個可靠的環節，那就只能以下述方式實現，亦即那兩種動機的效果在現象領域[8]中完全一致，且在各種形式的差異中保持其意願的同一個物質；也就是說，他的衝動能夠與他的理性一致，適用於普遍的立法。

1 指第三封信信末所提到的第三種性格。

2 原因的範圍指因果範疇。根據康德，因果範疇是指經驗中的事物之存在或事件之發生必有其原因（必然性），加上時間的圖式，在時間中先後相續的事件就各為原因與結果之關係（連續性）。

3 指在因果範疇中。

4 指人的意志所做出的規定並不具有必然性和普遍性。

5 絕對的存在者，即神。

6 人的意志在義務（自由；道德面）和愛好（感性；自然面）之間是自由的，意志是不受物質（感性）強迫的。

7 力量的因果連結指自然的因果關係。

8 感官經驗的世界領域。

可以說，每個個人按其資質與規定（Bestimmung）[9] 在自身中都具有一個純粹而理想化的人，人之存在（Dasein）的最大任務，就是在人的不同面向中，和理想之人的不變統一性（Einheit）[10] 達成一致。[11] 這個或多或少能明確表現在每一個主體中而加以識別的純粹的人，是由致力在客觀和近似標準的形式中統一主體多樣性的國家所代表。如此一來，在時間中存活的人如何和在觀念中之人[12] 相遇？同樣地，國家如何能夠在眾多個體中維持自身？對此，可以用兩種不同方式去思索：如果不是以純粹的人去壓制經驗的人[13]，消除國家中的個體；就是使個體成為國家，把在時間中的人淨化成在觀念中的人。

雖然在片面的道德評價中可以忽略這種區分，因為當理性的法則無條件生效時，理性便是自足的；但在全面的人類學評價中，因為形式和質料地位相當，加上鮮活的感覺也有發語權，所以這種區分有更多需要考量之處。雖然理性要求一致性，但自然要求多樣性，人們受到這兩種「立法」要求著。人們透過收買不了的意識牢記理性的法則，卻透過無法抹滅的感覺牢記自然的法則。因此，假如道德的性格只有藉自然的自我犧牲才能保持，這就證明了，無論何時人都缺乏教化；假如國家憲法只有揚棄多樣性才能統一，那就說明這部憲法非常不完

---

9 這裡指的是人之本性。

10 理想的人指理性的、觀念的、客觀的人，是顯現統一性的人，與顯現不同面向的自然的人、經驗中的人或時代中的人不同。

11 原註：在此，我要提到一本不久前出版的著作：《論學者的使命》（*Vorlesung über die Bestimmung des Gelehrten*），由我的朋友費希特（Fichte）所著，他在書中對此命題做了一個非常明瞭、在這條路上從未有過的嘗試性推論。

譯註：約翰．哥特利布．費希特（Johann Gottlieb Fichte），一七六二～一八一四，德國哲學家，與謝林（Friedrich Wilhelm Joseph Schelling）和黑格爾（Georg Wihelm Friedrich Hegel）同為德國觀念論（Deutscher Idealismus）代表，其思想體系深受康德思想影響。《論學者的使命》於一七九四年出版，費希特在書中強調，社會中的每一個階級分工都是缺一不可，各自有各自的使命，而人的完整天性之實現，就要靠自由社會的運作以實現自由的人之本性。學者作為社會階級的一環即是獻身於知識和道德領域，以教養員的方式提升人類的精神。因而這裡說不同存在的任務，都是在人的不同面向中，達到那個理想之人的狀態。

12 「時間中之人」指存在於時間變動過程中而不具純粹理想性格的人；「觀念中之人」指具有純粹不變動之理想性格的人。

13 純粹的人概括同理想的人、客觀的人；經驗的人概括同自然的人、時間中存活的人。

善。國家不應只是尊敬個體中客觀和類屬的[14]性格，也應該尊重在個體身上主觀和特殊的性格，並且當國家在擴展無形的道德疆界時，不應使現象的領域滅絕荒蕪。

當技藝家[15]拿起一團未經塑形的素材（Masse）時，為了賦予這團素材他的目的形式，他會毫不遲疑地以暴力操控它[16]；因為他所加工的自然本身不值得受尊重；對他來說，不是為了部分才看重整體，而是為了整體才看重部分。當美的藝術家拿起同樣的素材時，他也同樣毫不顧忌地操控它，只是他會避免顯露出這種隨心所欲。他並未比技藝家更尊重所處理的這團材料（Stoff），但是他會企圖以對待這團材料的表面寬容，去蒙蔽保護材料自由的目光。完全不同於此的是從事教育和政治的藝術家，他們既將人視為質料（Material），也是他們的任務。[17]這裡的目的又回到了材料本身，因為整體為部分服務，部分才得以順服於整體。國家的藝術家必須秉持著與美的藝術家面對質料時完全不同的尊重去接近他的質料；他不僅必須在主觀上且為了在感官中引發誘惑的效果而愛護其質料的特質（Eigentümlichkeit）和個性

（Persönlichkeit），同時在客觀上也要為了內在本質如此做。

但是，因為國家應該是一個透過自身並為了自身而建立的組織，所以只有當部分朝向整體的觀念向上呼應時，國家才能變成現實的。因為國家為公民心胸中那純粹的和客觀的人性服務，所以國家注意到，自己對待公民的態度和公民對它自己的態度相同，因而國家對公民主觀人性的尊重程度，也就只能以人性淨化的客觀程度為準。倘若內在的人與他自己一致，那麼他將在其行為的最高普遍化中挽救自己的獨

14 屬於人種本有的特性，以區別於其他物種的特性。

15 指製造那些為了人類目的之實用工具的工匠。

16 具有依自己目的而使用材料的權利，意味著人有改造自然的能力。

17 在本段中，Masse 指稱在被形構之前的物質，Stoff 指稱已作為準備被形構的物質，Material 僅指稱藝術家要使用的物質。比如：藝術家從一堆陶土（素材〔Masse〕）中，拿取一塊作為要塑形的材料（Stoff），整體而言，陶土（質料〔Material〕）是他要做杯子的原料。

特性，國家只是人的美之本能的闡釋者，是人內在立法的明確表現形式。反之，假使在一個民族的性格中，主觀的人毫不讓步地跟客觀的人對立，以致客觀的人只有壓制主觀的人才可以獲得勝利，那麼國家也將對其公民採取最嚴格的法律，並且為了不成為對立的犧牲者，必須毫無顧忌地踐踏懷有敵意的個體。

然而人可以採取兩種方式將自己置於對立之中：不是成為野人（Wilder），讓感覺支配他的原則；就是成為蠻人（Barbar），讓原則摧毀他的情感。野人輕蔑藝術，並將自然視為至高的主宰；蠻人嘲笑與汙辱自然，但他比起野人更為粗鄙，且經常成為奴隸的奴隸。有教養的人視自然為他的朋友，且尊重其自由，僅約束自然的任意性（Willkür）[18]而已。

當理性把它的道德統一性（die moralische Einheit）帶到物質社會，理性便不可以傷害自然的多樣性。而當自然努力要在社會的道德建設中保持自己的多樣性時，自然也不可以破壞道德的統一性；勝利的形式遠遠與單一性和混亂無關。[19] 在有能力且有資格將強制國家（den Staat der Not）[20] 轉換成自由國家的民族中才能找到完整的性格。

18 同之前信簡提到的任意概念，指自然受感性驅使而不得不那樣做。

19 對比前述道德的統一性和自然的多樣性相互對應的關係。席勒主張，勝利的形式既非偏向統一性，也非偏向多樣性，而是必須兩者相結合。

20 受盲目自然力量支配的國家。

第五封信

對時代的針貶

現今時代和當下的種種事件展現給我們的是這樣的一種性格嗎？我馬上關注這幅巨幅時代圖景中最引人注目的對象。

確實，成見的威望傾倒了，任性獨裁被揭發了，儘管還擁有權力（Macht）[1]，但也不再能騙取到尊嚴；人從長期的怠惰和自我欺瞞中甦醒，而且以具決定性的多數要求恢復他不可喪失的權利。但是，人不只是要求權利而已，他還要到處起義，暴力地奪取那些他認為被無理地拒不給予的事物。自然國家的高樓搖搖欲墜，其腐鏽的根基鬆軟無力，宛如給出了物質的可能性，讓法則登上寶座[2]，讓人終於作為自我目的而受尊重，使真正的自由成為政治結盟的基礎。但，這是徒勞無功的希望！因為缺乏道德存在的可能性，一個慷慨[3]的機運卻碰上了後知後覺的世代。

人是在自己的行動中描繪自己的形象，那麼在現在這場戲中所描繪的又是何種形象？不是野蠻，便是萎靡：這兩種人類墮落的極端，都匯聚在這個時代裡了！

為數眾多的下層階級展現了粗魯、不受約束的衝動，在公民秩序被瓦解之後，這些衝動擺脫束縛，用無法控制的暴怒強奪其獸性的滿足。這可能造成的情況是，客觀的人性有了理由去抱怨國家；而主觀的人性必須尊重國家的安排。只要國家還在保護人們的生存，那麼還應該去譴責它不把人類的本性尊嚴放在眼中嗎？還應該去譴責國家忙

1 國家擁有權利存在。

2 物質的可能性指的是得以使法則國家成立的條件。

3 指當下這個時代被如此慷慨地賦予了能夠轉變成自由國家的機會，這時代的人卻沒有把握住。

於透過重力（Schwerkraft）而分、透過聚合力而合[4]，卻仍未考慮過利用教化的力量嗎？國家的解體為其存在提出辯護[5]。被解放的社會不是趕緊提升到有機的[6]生活狀態中，而是退回到最原始的國度。

另一方面，文明的階級則表現出一副令人反感的懶散和腐壞性格的景象，因為這些景象就源自文化自身，因此更令人為之氣憤。我記不得是古代還是近代的哲學家曾說過：「高貴的事物一旦敗壞就更為可惡」；在道德方面也可以發現這樣的事實。倘若自然之子縱情脫序，那他只會變成瘋子；藝術的學生縱情脫序，就會成為卑劣的人。上流階層不是完全毫無道理地自吹自擂著理性的啟蒙，但整體來看，這對淨化人們的存心（Gesinnungen）[7]並沒有多大影響力，反而藉由準則而讓腐敗變得牢固。我們在自然的合法領域中拒絕了自然，是為了要在道德領域中體驗自然的專制[8]；我們抗拒自然的印象，以便從自然那兒獲取我們的原則[9]。人類道德的矯揉禮俗拒絕通融自然的第一意見[10]，卻承認它在我們唯物的道德體系中擁有最終的裁決權。在最優雅的社交場合中，利己主義建立起自己的體系，我們經歷著社會的一切渲染和一切磨難，卻沒有生出與人為善的心。我們讓自己的自由判斷聽命於獨斷的意見，讓自己的感覺莫名遭利用，讓自己的意志受誤導；我們只是堅持著自身的任性，而不顧社會的神聖權利[11]。殘暴的自然人仍常保有同情心，而世故之人身上卻充滿自傲的好強，就好比要逃離大火的災區般，每個人都只顧著在廢墟中找尋自己所剩無幾的財產。人們相信，只有完

4 比喻自然國家分分合合的動力結構有如受重力和聚合力般的影響，都是盲目受驅動，而沒有考慮到以教化進行。

5 自然國家的分裂就表明了它沒想到還有教化這樣的可能，而這就是他們給出的答案。

6 為實現人性而產生的社會分工運作，不是如自然社會那樣受盲目驅動的運作。

7 康德用語，指真正的道德是以意志的準則來衡量，即存心，而不在於行為上的後果。

8 自然即指感官的領域，在自然的領域中，受感官衝動影響是合法的，但我們要在道德領域中才體會到要抵抗感官衝動並不容易。

9 我們要藉由抗拒自然（感官衝動）才得以建立對抗感性衝動的法則。

10 自然對我們的影響總是優先於理性的運作。

11 社會存在並且能夠成就人性的權利。

全否認感性，才能尋得抵禦感性迷惑的方法，而嘲諷固然經常有效地懲罰了空想者，但也同樣幾乎毫不憐憫地去毀謗著高尚的情感。文化遠遠沒有為我們帶來自由，而是用各種在我們身上培養起來的力量去發展出新需求；物質的枷鎖總是更令人不安地緊縮，以至於害怕失去而窒息了精益求精的激昂本能，並且把服從的準則視為生活的最高智慧。因此，時代的精神就擺盪在錯誤與野蠻之間、不自然和純自然間、迷信與道德之無信仰間，只有邪惡之間的平衡偶爾能限制這種精神。

第六封信

完整人性的實現之途

我對這個時代的描述是否太過火了呢？我想我不會因此而受責備，但會受到另一種責難：我透過這個描述揭露了太多事實。您會對我說，這幅圖像確實像現代的人類，但其實放諸所有文明過程中的民族皆如此，因為在他們能夠藉著理性回到自然之前，所有民族都毫無例外地會因「濫用理性」（Vernünftelei）而脫離了自然本性。

若稍加留心時代的性格，對照這個介於人類的現在形式和過去形式（特別是希臘的形式），必定會感到驚訝。如果與純粹的自然本性相較，我們能合理地聲稱自己有教養又高尚，但我們的教養與高尚並無法與希臘人的自然本性相提並論，希臘的自然本性是與藝術的所有魅力和智慧的所有尊嚴結合在一起，而不是像我們的自然本性一樣，是藝術魅力和智慧尊嚴的犧牲品。希臘人不只因為有著我們時代中罕見的純樸令我們自慚形穢；甚至在已身道德違反自然下而仍能感到慰藉的種種優點上，他們也既是我們的對手，又是我們的典範。他們同時具備完全的形式和完整的內容，既從事哲學活動，也同時進行創作，既溫柔，又精力充沛，是結合成熟理性和青春想像力的完美人性。

在精神力美好覺醒的那時，感官和精神還不是受到嚴格區分的兩種資產；因為還沒有矛盾分歧去刺激這兩者，使彼此懷有敵意地劃清界線。詩歌還沒有追逐著機智，思辨也還沒沾染上吹毛求疵的習性。所以兩者可以在必要時互換任務，因為它們都以各自的方式尊崇真理。所以理性雖高，也總是親切地牽引著物質；雖然理性把一切區分得如此精細又鮮明，但它從不會把整體肢解得四分五裂。雖然理性拆解了人的本性，將人性拋到莊嚴的諸神間並予以擴大，但並非將人性撕裂成碎片，而是以不同方式調配組合，因為每一位神祇都不會缺乏完整的人性。這跟我們現代人多麼不同！我們一樣是將種屬的圖像在個體之中擴大分散，不過是以碎片，而不是變化的混合體；因此，為了能夠看清整體的種屬，就必須一個一個地逐一探究。幾乎可以說，在我們身上，心靈能力（Gemütskraft）[1]也在經驗中分別自我表述，如同心理學家在想像（Vorstellung）中切割它們一樣[2]。我們看見的不只是個別的主體，而是人類的整個階層只發展出一部分天賦，剩下的就像在發育遲緩的植物中，幾乎連一點微弱的痕跡也難以顯露。

我並非不理解這個世代的優點，若將它們視為一體並放在知性的天秤上來衡量，它們也比遠古中最好的事物更具優勢。但在這個競爭中，必須作為緊密的團體，以全體和全體來相較量；有哪個現代人曾站出來，一對一地和雅典人在人性的價值上一較高下？

1 康德用語，不僅指感官的感受能力，也指抽象的能力。

2 在想像中區分心靈的能力。

在種屬的優點之中，個體的缺點又從何而來？[3]為什麼個別的希臘人有資格作為其時代的表率，而現代人不敢如此呢？其理由是：希臘人的形式來自整合一切的自然，而現代人的形式則來自區分一切的知性。

造成現代人創傷的正是文化。一方面，擴展的經驗和更為獨特的思想造成學科的鮮明分化，另一方面，更為複雜的國家鐘錶必須精確地區分階級與職業，一旦如此，人類本性的內在聯繫就斷裂了，具毀壞性的紛爭將分裂人類本性的和諧力量。直觀的知性和思辨的知性就對立在不同的領域，開始用猜忌與嫉妒看守著各自的邊界。隨著將自己的作用限制在某個領域中，人們無異給了自己一個在許多情況下是以壓制其他天賦（Anlagen）[4]為最終任務的主宰。這樣一來，不是讓過分旺盛的想像力把知性辛勤開墾的耕地變成沙漠，就是讓概念的精神撲滅了那株能溫暖心靈並點燃想像的火苗。

在人類內心中分裂的藝術和學術因為政治的創新精神而變得完善（vollkommen）和普遍化。理所當然地，無法期望最初共和國所具有的簡單組織會比最初社會風俗環境的純樸留存得更久；但這個組織沒有提升到一種生機蓬勃的高層次生活，而是淪落為一部平凡又粗糙的機器。在希臘城邦中，每個個體都可以享受獨立的生活，必要的時候又能夠成為一體；而現在，希臘城邦的腺體性（Polypennatur）[5]卻由精巧的鐘錶所取代，後者是由無數來自不同成分且無生命的零件結合而成的機械式生活整體。如今，國家和教會[6]被分開，法律和道德被分開；樂趣和工作、目的和手段、努力與報酬也都彼此分裂。人永遠被囚禁

3 在一個好的整體之中，不會有不好的個體。如個別的希臘人可以代表整體希臘人，但現代人卻無法做到如此，因為現代人的方式是以知性取代感性，而希臘人是整合一切的感性。

4 人天生的氣質秉性。

5 腺體是有機體的組織，不同腺體雖彼此獨立且各自不同，但藉由激素可以維持整體有機體的運作，在此譬喻希臘城邦中個人和整體的關係。

6 相較於希臘城邦與神廟的關係來對比，譬喻人與神被分開；就當時代背景來說，譬喻政治與宗教、國家與教會的分裂。

在整體的一塊塊小碎片中，也只好把自己變成一塊小碎片；耳中只能聽見他所推動的輪子發出的單調聲響，而永遠無法發展出自身本質的和諧，人將只是其職業、其學識的一個副本，而非鑄造他本性中的人性[7]。即使這些貧瘠、殘缺的零件本身將個別的環節與整體相連結，亦非依賴那些自動產生的形式（因為誰會相信一座精巧和怕見光的鐘有自己的自由？），而是由一個捆綁人的自由立場的嚴謹公式所規範。死的字母替代了有生命的知性，訓練有素的記憶力比起天才和感性更為可靠。

假若政府（Amt）用其尺度衡量人，例如它尊重一個公民只是因為他的記憶力，尊重另一個公民是因為他的格式化理解力[8]，尊重第三個公民是因為他在機械方面的技能；如果政府一方面毫不在意性格，只要求知識，另一方面又為了遵守維持秩序的精神和奉公守法的行為，而支持屏蔽知性[9]；倘若政府在免除主體的擴延性時，又想要往同樣的強度發展個別的熟練技巧，那麼，全心全力在能獲得尊重和獎賞的天賦（die Anlage des Gemüts）上，而忽略其餘天賦，這還能令我們感到驚訝嗎？我們知道，活力充沛的天才並不會將其職業的範圍當作事業的邊界；但中等資質的人，在他應完成的職責中就已耗光了貧乏的所有精力，倘若能在無損其職業的狀況下，還能維持多餘的愛好，肯定不是平凡之輩。以國家的立場來看，精力超越了任務範圍，或天才為了自身更高尚的精神需求[10]而給了他的政府競爭對手[11]，這是國家所不樂見的。國家是如此妒忌其僕人的專有財產，因此它將會輕率地決定（誰

7 人只是實現了他作為社會人的意義，卻不是實現他自由的人性。

8 可以將事物分門別類的能力。

9 指不思考而只是遵守規定。

10 除了本業之外，還有發展其他愛好的精神需求時。

11 這句話意指：從國家立場來看，國家並不希望看到人民的能力超出它的設定；而天才卻可能基於他個人精神上的需求而做出超出國家所要求的事，因此對國家、對政府機構的運作而言，天才無疑製造了一個國家政府不願接受的敵人。

又能說國家不合法呢？），寧可與愛神阿洛芙迪特（Venus Cytherea）共同治理他的人民，也不願與愛神烏拉尼亞（Venus Urania）共享[12]。

為了使整體的抽象能夠熬過貧乏的存在[13]，個別而具體的生活將逐漸被毀滅，國家之於他的公民是異己，因為公民在任何地方都感覺不到國家。於是國家不得不藉由層級劃分而簡化公民的多樣性，不得不以第二層的代表機構去接見人（Menschheit）[14]，而當統治者將人與知性的劣質品[15]相混時，最後就完全無視人[16]；被統治者也不能不淡漠地接受這些和他們沒有太大關係的法規。最終，積極的社會厭倦了支持這種幾乎得不到國家援助的關係（如同大部分歐洲國家早已如此的命運般），而瓦解成一種道德的自然狀態。在道德的自然狀態中，公眾權力只是一種黨派[17]，需要它的人憎恨和迴避它，只有不需要它的人才尊重它。

在這內外夾攻的雙重勢力下，可以採取另一個不同於現實決定的方向嗎？當思辨的精神在觀念世界中努力追求著不能喪失的占有物[18]時，它在感官世界中必定會變成外來者，並且為了形式而失去質料。

當務實的精神被一個單調的客體範圍[19]所包圍，且被限制在更多的公式中，它必然會看到自由的整體在它眼前消逝，並在它的領域中消失無蹤。所以，思辨的精神按照可設想的狀態改造現實，並提高想像力的

---

12 Cytherea，是阿洛芙迪特（Aphrodite）的別稱。愛神阿洛芙迪特，代表慾望的愛，她能激起世間萬物的感情以達到繁衍的使命；而愛神烏拉尼亞代表精神的愛，是掌管天文學的謬思女神。這裡形容國家為了不失去他的公民，寧可讓他的公民沉迷於感官享樂，而不願他們精神上有所追求。

13 指國家的外在形象多過於它實際產生的效用。

14 國家簡化人性為層層機構。

15 前面提過，知性的功能是碎裂所有整體。

16 當統治者以知性統治時，只是把人性碎裂在層層機構中，而無法識別出整體人性。整段話指：國家將活生生的人簡化成在機構中處理的單位，最終將看不到人，只關心機構的運作。

17 公眾權力只是一種特定團體所擁護的事物。

18 統一性。

19 各種對象組成的範圍。

主觀條件為事物存在的主要法則；相反的，務實的精神則處在另一個極端，所有經驗都依據特別的經驗碎片估量，它的職業規則要能毫無例外地呼應每一種職業。那麼一來，思辨的精神必定會成為吹毛求疵的空洞事物，務實的精神則是迂腐的短淺見識，因為前者對於個別的事物過於高深莫測，後者對於整體又過於表面膚淺。這種精神傾向的害處不只局限於知識和生產，還包括感覺和行動。我們知道，心靈的感受性某種程度取決於生動性，其範圍取決於想像力的豐富。但是現在分析能力占得優勢，必定會奪走想像所必要的力量和熱度，有限的客體範圍也會更加限縮其豐富度。因此，抽象思維者總是擁有冷漠的心靈，因為他剖析那些只有作為整體才能觸動靈魂的印象；務實的人則經常有著狹隘的心，因而他的想像力便囿於職業的單調領域而無法觸及不同於己的表象方式。

我的計畫是要揭露時代性格的有害傾向與其根源，而非展示自然可以彌補這有害傾向的優點所在。我樂於向您擔保，儘管個體在解剖其本質的狀況下無法幸福，然而種屬也不可能在其他方法中取得進步。[20]

希臘人毋庸置疑是一種典範，既無法在這個層次上保持現狀，也無法更向上提升。之所以無法保持現狀，是因為知性以它既有的儲備必須被迫與感覺和直觀分離，並且致力於知識的明晰性；[21]也不可能更向上提升，因為只有一定程度的清晰才能與一定程度的充實和熱情並存。希臘人已經達到這個程度，當他們想要往更高的教化進步時，就必須和我們一樣，放棄自己本質的整體性，並在另一條道路上[22]探詢真理。

要發展人的各式各樣天賦，除了讓這些天賦彼此對立，別無他途。力量相互抗衡是文化最偉大的手段，但也只是手段；因為只要這種抗

[20] 個人的人性在只仰賴知性分析的方法下無法成就，唯有在想像與知性都保持平衡的狀態下才能達到寧靜平和，同樣地，整體的人類之人性除了這個方法，就沒有其他方式可以取得進步了。

[21] 知性的儲備即是知性運作後的產物，知性產物已經與感性和感覺認識無關，而是追求知識的真理性。

[22] 放棄它們自己原來本質整體性的路。

衡存在，人就還只是在走向文明的路途上。僅僅由於個別的力量在人身上各自孤立，且妄想獨自立法，這些力量才與事物的真理爭鬥，並且才要求那種通常滿足於停留在外在現象上的同感（Gemeinsinn）[23]去逼顯出客體的深層[24]。純粹的知性篡奪感官世界中的權威之際，經驗則忙著使理性屈服於經驗的條件，這兩種對立的天賦都可能形成成熟的狀態，並創造各自的領域。一方面，想像力以其任意性而敢於瓦解世界秩序，另一方面，它也要求理性爬升至知識的最高發源地，喚出必然性的法則以對抗想像力。

雖然片面地鍛鍊力量會導致個體免不了犯錯，卻可以將人類整體帶往真理。只有藉由把精神的所有能量聚焦在一個點上，把整個本質聚集在這唯一的力上，我們才為這一個別的力量加上某種翅膀，人為地引導它越過那似乎是自然為它所設的限制。無疑的是，即使所有人類個體一起用自然分享給他們的視覺能力，也從未能觸及天文學家用望遠鏡所發現的木星；同樣無須懷疑的是，若非理性在有天賦的主體中獨立成為一種力量，擺脫所有物質的糾纏，並以最有力的抽象捍衛著主體的目光，[25]使其能看見絕對的話，人類的思想力也從未能創造無窮盡的分析和純粹理性批判（eine Kritik der reinen Vernunft）[26]。但這種分解為純粹知性和純粹直觀的精神，有能力用詩的自由運作替換邏輯的嚴格束縛嗎？有能力用忠誠和貞潔的心掌握事物的個體性嗎？自然在此也給全能之人設置了一道不能跨越的界線，只要哲學還把反對謬誤當成它最高貴的職責，真理將會繼續造就出殉道者。

無論這種分裂式教育人類力量的方式可能對整體世界有多大好處，

23 據席勒一七九三年十一月二十一日寫給奧古斯騰堡公爵的信，他解釋知性在依照原則和規則運作時而產生的作用是邏輯的，但其實知性在大多數情況是起審美作用，是一種觸覺的作用，在語言表述中稱為同感。我們透過知性的這種審美作用，感受到的並非知性活動本身，而是透過感覺來接受它對我們的影響。

24 各種在人身上的力量都找尋各自的真理，且滿足於以同感來獲得對對象的認識。

25 指人把理性視為自己人性的一種象徵。

26 指萊布尼茲的微積分和康德的《純粹理性批判》。

但都無法否認，個體正在世界目的的詛咒[27]中受苦，雖然藉由體育塑造身強體壯的軀體，但只有透過自由和均衡的四肢運動才能培育美。同樣地，調整個別精神力固然可以培養傑出人士，但只有在同樣均衡的性格下才能造就幸福和完善的人。我們和過去與未來的時代是怎樣的一種關係呢？我們也許是人性的奴僕，數百年來為了人性而做著奴隸的工作，我們受摧殘的本性打上了奴性的恥辱烙印，以便後代能夠在極度幸福的閒暇中，等待其道德健康及其人性自由發展！

但是，人可能為了某個目標而虧待自己嗎？自然會為了它的目的而奪走理性自身目的所規定的完滿性（Vollkommenheit）[28]嗎？為了培養個別力量而必須犧牲整體性，這肯定是錯誤的；或者，即使自然法則依舊力圖追求這個方向，如何以更優秀的藝術去重建我們本性中受藝術破壞的整體性，必須取決於我們。

27 指目的論，事物的存在必有一原因，唯有與這原因相關的事物才有價值，個別的人性也被認為有其特定目的要實現。

28 在一系列過程中所達到的最終目標，無法再改善、沒有瑕疵，最完美的概念。亞里斯多德認為，完美就是在它之外不能再找到它的任何一個部分。在此，理性自身所規定我們的完滿性即指統一性。

第七封信

自由國家實現之可能性

我們能期待國家起這樣的作用[1]嗎？這是不可能的；因為如同現在的國家，正是禍害之因，而理性在其觀念中所認為的國家，也無法建立更好的人性，它本身必須先奠基於更好的人性上。迄今為止的研究，讓我再度回到了這個我曾一度擱置的重點上。現今這個時代，並沒有為我們指出被視為改善道德國家之必要條件的那種人性形式，反而正向我們展示了這個形式的反面。因此，倘若我所提出的這個原則是正確的，且經驗證實了我對這個現代的描繪確實如此，那麼，人們必然會繼續宣稱每個改革國家的嘗試都是不成熟的，每個建立在這之上的期盼也都是不切實際的，直到內在人性的分裂再度被揚棄，其本性全然得以發展，因而使自身能成為藝術家，並確保理性的政治創作能實現為止。[2]

自然在其物質創作[3]中已預先向我們指出人藉此而通往道德創造[4]的道路。但只有在低層級有機體中的原始力量爭鬥緩和之後，自然才能提升成為自然人的高貴創造[5]；同樣地，只有在倫理人中的原始爭鬥（即盲目的本能衝動之鬥爭）暫時平息之後，倫理人身上粗野的對抗停止之後，人才敢於促進多樣性。另一方面，早在使自身的多樣性屈

1 席勒在第六封信曾提到現代國家簡化人性為層層機構的作法，將使國家只看見機構的運作，雖然國家仍有其存在的權利，但它的形象遠多過實際的效用。

2 只有拋棄已經被分裂的人性，才能使人性重新獲得完整發展的機會，這樣一來，理念中的理想政治才有實現的可能。若要在分裂的人性中實現完整國家，只能在觀念中實現，而無法在現實中達成。

3 指自然的創造物。

4 道德創造是因人的自由選擇而產生，不受制於自然。

5 只有在自然內在爭鬥緩和之後，它才有可能成為自然人形構的對象。

從於理想的一致性之前，人必須已經確定其性格的獨立性，而對陌生、專制形式的順從也為正當的自由所取代。[6]在自然人還如此沒有規矩地濫用其任意性時，人們幾乎不向自然人展現他們的自由[7]；在文明人還很少利用其自由時，其任意性就不容剝奪。如果自由原則之餽贈[8]與醞釀著不滿的力量為伍，並為占盡優勢的自然強化其力量時，那麼這樣的餽贈將背叛整體；假若法則與已經具主導性的弱點和物質的限制聯合起來，熄滅了自主行動性和個性特質的那點微微光亮，那麼協調一致的法則會成為對個體的暴政統治。

時代的性格必須先從其墮落的深淵振作起來，從那裡擺脫自然的盲目暴力，再回到自然的樸實、真理和內涵——這是百年大業。我願承認，在此同時，個別的一些嘗試可能成功；但對整體而言，並不會有絲毫改善，行為的自相矛盾總是證明準則的一致性不存在。在世界其他地方，黑人的人性受到尊重，但在歐洲，人們卻汙辱了思想家的人性[9]。古老的法則將會繼續存在，但會換上時代的衣裝，哲學會出借其自身的聲望給過去通常由教會授權的壓迫。[10]自由在其最初的嘗試中，總是宣告自身是反對者，於是人們便受到自由驚嚇，因而投身、遷就於奴性的懷抱，再從這迂腐的監護中走向絕望，逃入自然狀態的野蠻無拘中。掠奪奠基於人類本性的弱點，暴動奠基於反叛人類本性的尊嚴，直到最後，一切人類事物的偉大統治者——亦即盲目的強大力量——介入，並有如仲裁一場普通的拳擊賽般裁決所謂的原則衝突。

6 人也有對抗自然感性強迫這樣的必然性自由，而對比於陌生、專制形式的順從，這樣的自由是正當的。

7 人們還未脫離自然的盲目支配時，無法展現出自由的一面。

8 指自由的任意性。

9 一九五五年到一九六八年間在美國為黑人解放運動時期，但在歐洲卻有哲學家如盧梭，因為與當時的百科全書派人士不合而受到言論審查，必須逃亡到瑞士。

10 以哲學之名壓迫自由。

—第八封信—

感覺能力的培養

難道哲學就該垂頭喪氣、不懷希望地離開這個領域嗎？當形式的支配四處擴展時，難道一切最貴重的財物就該為無形體的偶然所支配嗎？難道在政治世界中盲目力量的爭執會永遠持續，而合群的法則[1]永遠戰勝不了敵對的自私嗎？

絕非如此！雖然理性本身不會嘗試與抵抗其武器的蠻力直接爭鬥，也不會如《伊利亞德》（*Ilias*）[2]中薩涂爾（Saturn）[3]的兒子一樣，自己進入最黑暗的戰場中。但理性會在這些戰鬥者之中選出最稱職的那個人，並且如宙斯對待孫子般賜予祂神的武器，並藉由祂必勝的力量去成就一個偉大的決定[4]。

假若理性發現並建立了法則，它便已實現了它可以實現的部分；而執行法則就必須仰賴勇敢的意志和生動的感覺。倘若真理要與各種力量爭鬥並獲得勝利，那麼它本身首先必須成為力量，並且在現象領域[5]中使人的衝動（Trieb）成為它的代理人[6]；因為衝動是唯一在感官世界中運轉著的力量。真理迄今還無法完全證明其勝利的力量，問題不在於知性還不知道去揭開知性真理的面紗，而在於心靈排拒真理於門外，

1 以友好的合作方式組成群體社會，對比前述政治的鬥爭力量。

2 《伊利亞德》是古希臘詩人荷馬（Homer）所著史詩，故事背景為特洛伊戰爭，是希臘城邦之間的衝突。

3 薩涂爾是古羅馬神話中的農業之神，對應希臘神話的科羅努斯（Kronus）。薩涂爾之子是朱庇特（Jupiter），對應羅馬神話，即科羅努斯之子宙斯（Zeus）。宙斯曾拒絕眾神干涉希臘人和特洛伊人的戰爭，並坐在伊達山（Ida）山上觀戰。

4 比喻理性（宙斯）能夠使人（理性選出的人）依法則（宙斯的力量）做出判斷（偉大的決定）。

5 感官的領域。

6 在感官的領域中，讓人的非理性動力（衝動）運作，而不是被動的受感性驅動。

且衝動不為真理而行。

在哲學和經驗顯現之處，怎麼還能出現偏見的支配與昏沉的腦袋？時代已經受到啟蒙，也就是說，知識已被發現並公開傳播，這些知識至少足以糾正我們的實踐原則。自由研究的精神已經驅逐了那些長久以來阻礙通往真理的空想概念，並破壞了狂熱與欺瞞賴以建立其王位的根基。理性清除了感官造成的蒙蔽和瞞騙的詭辯，而起初帶我們逃離自然的哲學，現在大聲呼喚我們快快回到自然的懷抱——但為什麼我們還是蠻人[7]呢？

原因如果不在事物（Dinge）之中，必定是在某種已存在人類性情之中的東西（etwas）；即使真理如此光明燦爛，它依舊拒絕真理；儘管真理如此生動而令人信服，它就是要阻撓接受真理。一位古代智者曾有感而發地說了一句意義深遠的話：勇於追求智慧！（sapere aude.）[8]

勇於追求智慧吧！勇敢的力量正適合用以克服那些不只是因天性懶散、還有因心靈懦弱所形成的教化之障礙。古代神話讓智慧女神全副武裝地從朱庇特（Jupiter）[9]的頭上爬出來，這並非沒有意義；她的第一個任務就具有戰鬥性。從出生起，她就與感官艱苦奮戰，因為感官不想要自己的甜蜜寧靜受到驚擾。當人們想要振作起來與謬誤展開艱苦的新鬥爭時，多數人已經因為跟窮困奮戰而疲憊不堪。於是，如果能逃避思想的艱辛，他們就心滿意足，也很樂意讓其他人監護他們的想法[10]；倘若他產生了更高的需求[11]，那麼他就會以渴求的信任去抓

---

7 席勒在第四封信中曾指出，人往往處在這兩種情況中：不是成為野人（Wilder），讓感覺支配其原則的人；就是成為蠻人（Barbar），讓原則摧毀其情感的人。

8 Sapere aude 是拉丁語格言，意思是：勇於追求智慧。原出處為古羅馬詩人赫拉茲（Horaz）的第一本書《書札》（*Briefe*）。康德也在一七八四年〈何謂啟蒙〉（Beantwortung der Frage: Was ist Aufklärng?）一文中引用：「有勇氣為你的知性服務。」

9 朱庇特是羅馬神話中最高天神，席勒在此所指的朱庇特相當於希臘神話中的宙斯。雅典娜（Athene）的身世有兩種說法：一是她為宙斯的姊姊，另一為她是宙斯的女兒。此處以後者為雅典娜的身世來源：宙斯在取得眾神之王的王位後，有預言說他的第一任妻子智慧女神會生下一個比他更強大的孩子，宙斯為此而不安，於是便把懷孕的妻子吞下肚，但胎兒卻不斷在宙斯的身體中掙扎，使得宙斯痛苦不已，她並在宙斯的頭上成長，後來宙斯便讓匠神把他的頭顱劈開，雅典娜就全副武裝地逃了出來。她是兼具雙親智慧與強大力量的女神。

住國家和教會為這樣的情況所準備好的公式[12]。假如這群可憐的人贏得我們的同情，那麼另一群人就應該受我們輕蔑，雖然後面這群人幸運地擺脫了需求的枷鎖，卻樂於繼續屈服於需求。他們偏好晦暗不明的概念[13]微光，而非真理的光芒，因為他們在晦暗不明的概念中感到更有朝氣，想像力可以隨心所欲創造出適意的形體，而真理卻會驅散他們夢幻舒適的幻想。但他們已經把幸福的大廈建造在這應該被知識的犀利之光驅散的謊言之上，真理已經拿走他們眼中一切有價值之物，難道他們還得為此付出昂貴的代價嗎？為了追求智慧，他們必須先成為智者，熱愛著智慧：為哲學命名之人已經察覺到了這一真理[14]。

因此，當知性的啟蒙僅於回溯到性格時才贏得尊重，這是不夠的；知性的啟蒙在某種程度上也是從性格出發，因為必須藉由心靈才能打通走向腦的那條道路。因此，培養感覺能力是時代迫切的需求，不僅因為它是能使已獲改善的理解對生活發揮作用的方法，而且它本身就能促進理解的改善。

10 寧可接受國家監護控管的既有思想。

11 如前所言，追求智慧的需求。

12 本來寧可接受既有思想灌輸的人，一旦產生了追求智慧的需求，卻又會先信任國家所給予的思想。

13 比喻未經檢驗的概念。

14 席勒認為想要追求真理的人，首先必須成為一個愛智者，或曰哲學家，而這一點是創立哲學的古希臘哲學家們所意識到的，正如他們給予哲學這一學科的希臘文字義即是愛智。

第九封信

藝術的理想根基

但這裡不會是個循環嗎？也就是理論的修養應該帶來實踐的修養，然而實踐的修養又是理論修養的條件。政治的所有改善都應該從淨化性格開始，但性格如何能在野蠻的國家憲法影響下被淨化？為了這個目標，人必須找出一個國家沒有交出來的工具，以及開啟能在所有政治腐敗中保持純粹的真正泉源。

現在我要談談，截至目前為止，我所有的研究所要努力達致的那個重點：這個工具就是美的藝術，這些泉源就是在美的藝術之不朽原型中開啟。

如同科學，藝術脫離所有實在和所有由人的習俗引進的事物，兩者都擁有絕對不受人類任意性約束的豁免權。政治的立法者可以封閉它們的領域，卻不能在這兩個領域中支配一切。政治的立法者可以放逐真理的愛好者，但真理仍然存在；政治的立法者可以貶低藝術家，但無法偽造藝術。事實上，科學和藝術兩者都效忠於時代精神，同時創造的趣味（Geschmack）[1]會從評判的趣味中採納法則[2]。在性格變得緊張和強硬之處，我們就會看見科學嚴守其界線，而藝術則會受制於規則的沉重枷鎖；在性格鬆懈和軟弱之處，科學就會成為取悅人之事，而藝術則會變成供人消遣之事。數百年以來，哲學家如同藝術家般，都忙於將真理和美灌輸到普羅大眾的內心深處；儘管那些藝術家與哲學家衰亡，但真理與美用自己不可摧毀的生命力勝利勃發！

1 以主觀的情感判斷事物的美與不美之能力。

2 科學和藝術都會依時代的需要而發展，也會在批判聲中接受新的需求而發展。

藝術家雖然是其時代之子，但他如果同時是時代的學生或寵兒，對他來說就糟了。慈愛的神適時地將時代的嬰孩帶離母親的懷抱，用更好的時代乳汁哺育他，讓他在遙遠的希臘天空下長大成人。當他成人之後，他以一個陌生的形體回歸到他的時代，但不是為了用他的外表取悅他的時代，而是如阿伽門農（Agamemnon）之子[3]般可怖地淨化他的時代。雖然他取材自現代，但是他會從高貴的時代取用形式，甚至超越一切時代，借用其本質中絕對而不可改變的統一性。美的泉源從他魔性般天性的純粹以太（Äther）[4]中流淌而出，但它並不會為那些在混濁漩渦中翻滾的世代和深植於時代中的腐壞所玷汙。時代的好惡可以汙辱或恭維材料，但貞潔的形式並不會受好惡變化所影響。[5]在眾神神像仍矗立之時，一世紀的羅馬人卻早已跪倒於皇帝之前；當神祇已成笑柄，神廟在眾人眼中依然神聖；宮殿建築原本庇護著尼祿（Nero）和康茂德（Commodus）[6]的卑劣行為，但它的高尚建築風格卻使它們相形見慚。人喪失了尊嚴，但藝術拯救了它，並將它保存在傑出的石雕上[7]；真理在幻覺中繼續存活下去，原作從仿作中再次製造出來。正如高尚的藝術比高貴的自然存活得更長久一樣，高尚的藝術也會在同樣的熱忱中先一步構造與覺醒[8]。早在真理將它的勝利之光傳送到心靈深處之前，文學的力量已接收了其光芒；當濕潤的夜色猶籠

3 阿伽門農（Agamemnon）是帶領希臘人參加特洛伊戰爭的希臘國王，在進攻特洛伊時，曾遇上風浪，為了平息風浪，殺害自己的女兒獻祭給海神。凱旋歸來後，他的妻子為了替女兒報仇，串通情人殺害阿伽門農，並取得政權。當時他年幼的兒子俄瑞斯忒斯（Orestes）外逃，並在長大成人後回國為父親報仇，殺死了自己的母親和她的情人。

4 「以太」意指一個假定為活生生的、精緻的原初物質或世界之靈魂的觀念。亞里斯多德認為，物質除了水、火、氣、土的構成物外，還有構成世界的第五種元素以太。

5 席勒在第四封信已提及材料是受形構、被使用的物質，任由創作者善用或濫用。在第二十五封信中也會提到材料作為對象是沒有支配力的，而形式才具有決定的力量。

6 尼祿（西元三七～六八，五四～六八年在位）和康茂德（西元一六一～一九二，一八〇～一九二年在位）都是羅馬時代的暴君：前者被稱為「嗜血的尼祿」，迫害基督教徒，在羅馬起義後自殺身亡；後者執政十二年間暴虐無道，最後因精神失常到競技場競鬥後回宮時遭摔跤手勒死。

7 比喻人雖喪失了自己的人性，但藝術仍在作品中展現人性的高尚莊嚴。

8 藝術會主動地創造和覺醒，而非被動地被形構，因為藝術具有自己創造的能力。

罩山谷之時，人性的頂峰將閃現曙亮。

但藝術家要如何在他蔑視時代的判斷時，防範他置身其中的時代腐敗呢？藝術家應該要仰望著他的尊嚴和法則，而不是俯視著幸福和需求。他完全不拘泥於在短暫瞬間留下其功蹟的虛榮行為，也完全不受制於將無條件的尺度運用在時代貧乏產物的急躁狂熱[9]，藝術家將現實的領域交給這領域原有的知性；但他努力在可能性與必然性的結合中創造理想。他在幻覺與真理中創造這種理想；在他的想像力遊戲與嚴肅的行動中刻劃這種理想；他用一切感覺和精神形式鑄造這種理想，並默默地將它扔到無盡的時間中。

但並不是每一個靈魂中懷抱炙熱理想的人，都能以具創造力的沉靜和巨大的耐心的知覺，把這種理想刻印在無言之石[10]上或澆鑄為質樸的言詞，並將它託付給時代的忠誠之人。神聖的創造衝動[11]經常太過狂熱，無法以這種冷靜的方式運行，而是直接投身當前時代和現實生活中，改造道德世界中無形式的材料[12]。富於感受的人深切體會到同種族者的不幸，以及種族的墮落；於是熱切的要求便慷慨激昂又迫不及待，在充滿活力的心靈中要求行動。但他也探問著：道德世界中的無秩序是否冒犯了他的理性？或者傷害了他的自愛？假若他還不知道這一點，那麼他得以某種迅速有效的熱忱來找到它。純粹的道德衝動是以絕對為目標，對它來說時間是無所謂的，只要未來必然是從當下發展而來，未來對它而言就是當下。在沒有限制的理性面前，方向同時也完成了[13]，只要方向一確定，道路就在腳下。

我將回答那些想求教於我、追求真理與美的年輕朋友們，如何在

---

9 虛榮行為指前述的幸福，社會產物指需求。

10 比喻以無法言說之物傳承理想。

11 指道德衝動。

12 指道德衝動往往會採取某種具體作法，如道德教育，以期待改變世界，但席勒反對將藝術理想直接改造成現實中的某種具體實踐行為，因為如上段所述，理想是可能性和必然性的結合，而非強硬的規定規範。

13 一旦找到了方向，也就是成功地找到了道德衝動的目標。

和時代的各種對抗中，滿足其內心的高尚衝動。我的答案是：為你能影響的世界指出一個向善的方向，那麼時代安詳的旋律就會帶動發展；當你循循善誘地將世界的思想提升到必然和永恆的層次，當你藉由行動或創造將必然和永恆轉換成世界衝動的對象[14]，那麼你就為世界指出了一個方向。空想和任意的大廈將會倒塌，而且它必須倒塌，只要你確定，這大廈是在人的內在而不只是在人的外在倒塌。你性情中的羞澀平靜中會培養出勝利的真理，並使美在你身上顯示出這種勝利的真理，不只思想會效忠它，感官也會鍾愛地掌握其表現[15]。為了避免從現實中去接收你本應該給它的典範（Muster），除非確信有一個理想的隨從[16]，你先不要冒險進入令人擔憂的社會。和你的時代一起生活，但不要當它的寵兒；提供你的同代人所需，而不是他們所讚許的。雖然你不會犯他們犯過的錯，但你應該要以高尚的順天由命之心，共同承擔他們所承受的懲罰，並自願屈從於他們同樣難以捨棄和承擔的枷鎖[17]。你藉由堅定的勇氣鄙視他們的幸福，並且向他們證明，你並非出於懦弱而承受他們的苦難。倘若想要影響他們，你得想想他們該有的模樣；倘若想要試著為他們行動，那麼你要替他們想想他們原本是什麼模樣。[18]你要透過他們的尊嚴去尋覓他們的贊同，但是你也要把他們的幸福視為他們的無價值，你本身的高尚將喚醒他們的高尚，而他們的卑劣並不會抹滅你的目的[19]。你那些嚴肅的基本原則會把他們從你身邊趕走，但他們在遊戲中仍舊可以接受這些原則；他們的趣味比他們的心更純潔，因此你必須抓住那些膽怯的逃兵。你徒勞地打擊他們的準則，徒勞地譴責他們的行動，但在他們遊手好閒的時候，不妨試試你那具有

14 指道德衝動。

15 指當自己的內心培養出美的時候，不只在思想上產生真理，也會於外在呈現出能吸引感官欣賞的樣子。

16 只有當人心中已具備理想時，才能抵抗現實的強迫。

17 指一般人往往無法承受道德的規定和國家的約束，但又無法脫離而獨自生活。

18 因為無法接受道德的規定和國家的約束，但又無法脫離，所以往往便以追求物質幸福為目標。因而席勒譬喻理想青年應當先使一般人明白自己是個具有完整人性的人，可以追求與實現理想。

19 即使理想青年無法以理想使所有人都清醒，但理想本身也不會因此受到損害。

塑造力的手。驅逐他們娛樂中的任意、輕率和粗野，那麼你也就能把這些從他們的行動中排除，最後並能從他們的存心[20]中驅逐。無論你在何處遇上他們，都要讓他們周圍充滿高尚、偉大又富見識的形式，用出色的象徵環繞他們，直到假象（Schein）[21]克服現實，藝術戰勝自然為止。

20 意念、精神、思想。

21 假象是相對於事物的本質，是客體事物呈現出來的樣子（或人主觀判斷它是如何的樣子）。

第十封信

美是人性的必要條件

您和我就這一點的看法一致，同時，您可以藉由之前幾封信確信，人可以在兩條相反的道路上離開他的規定[1]，我們的時代確實徘徊在兩條歧途上，一條是淪為粗俗，另一條是變得疲憊和錯誤。我們的時代應該透過美在這雙重[2]迷途上被導回正途。但美的修養能同時應付這兩種相反的缺陷[3]，能在自己身上整合這兩種對立的特質嗎？美的修養能

[1] 人的感性與知性。

[2] 一是指人本身對立的性格（感性與知性）、另一是指時代的歧路（粗俗與疲憊）。

箝制野人的天性、解放蠻人的天性嗎？它可以既鬆弛又嚴謹嗎？倘若它確實無法有前述兩種功效，又如何能以理性的方式期待它的成效如同人類教育般偉大呢？

人們肯定已經厭倦聽到這樣的斷言：發達的美感可以把習俗精緻化，這一點似乎不需要新的證明。人仰賴的是日常生活經驗，那些經驗表明，知性的清晰性、情感的活躍、思想的自由（Liberalität）和舉止的自身莊嚴，幾乎毫不例外地總是與有教養的趣味相關，而與其相反的，則往往伴隨著沒有教養的尋常趣味。人們十分堅定的引證，古代所有國家中最為文明的國家，其美感也同時發展得最好，而相反的例證是，部分野蠻民族是以粗俗和刻苦的性格替代對美的感覺的遲鈍。儘管如此，有時思想家仍會以為：假若不是要欺瞞事實，就是懷疑由此引出的結論的正確性。他們認為，並不是所有被指責為沒有教養的民族的野性都如此糟糕；也不是所有為人讚揚的精緻文明都是有益的。古代便已經有人認為，美的文化並非好事，因而非常願意阻攔想像力的藝術進入到他們的共和國。[4]

我並不是指那些因為未曾受過優美女神（Grazien）[5]的恩惠，因而輕蔑祂的人；這些人只知道收穫的辛勞和明確的收益，而不知道還有其他價值尺度[6]——他們如何有能力去尊重趣味在人類外在與內在中默默進行的工作呢？他們如何能超越美的文明之偶然缺陷[7]而不忽視其本身的優點？無法掌握形式的人將一切講演的優雅視為攏絡之詞、把互動中的文雅視為虛偽、把所有舉止中的謹慎和大器都當作過度緊張和矯情而加以鄙視。他不能原諒優美女神的寵兒在所有社群中都能以社

3 指感性與理性各具其缺陷。

4 柏拉圖在其《理想國》中，將藝術視為創作者對真實世界的模仿，因而是最不具地位的事物。

5 優美三女神指阿格萊亞（Aglaia）、塔利亞（Thalia）和歐佛洛緒涅（Euphrosyne），是宙斯的三個女兒，為人類與眾神帶來優雅、美與愉悅。

6 那些輕蔑女神的人，只知道具體的、實踐的價值，卻不懂得美的價值。

7 如下文提及，美也可以是文明矯情造作的一面。

交家的身分使人愉悅、以生意人的角色能按其意圖指揮所有人、作為作家能將其精神印製在整個時代之上，而他這樣勤勉的犧牲者卻用盡一切所知也引起不了注意，移動不了一塊石頭。因為他不能學會使人感到舒適的特殊才能的祕密，所以他除了悲嘆人類本性重視外相多於本質的錯誤，便沒有什麼可做的了。

但表明反對美的作用，且出於經驗提出可怕的理由，準備反駁美的作用，這樣的意見值得注意。「這是無可否認的，」他們說[8]：「美的魅力可以在一雙善良的巧手中產生令人稱許的目的；但在一雙邪惡的手中，也可以做出恰恰相反的事，並且為了錯誤和不公義而運用它那扣人心弦的力量，也不違背其本質。因為趣味只注重形式而從不注重內容，所以最後它給了性情（Gemüt）[9]一個危險的方向，所有實在（Realiät）[10]完全遭到漠視，為了迷人的外表犧牲真理和道德。一切事物的實質區分都消失了，只剩下現象決定事物的價值。有多少有能力的人，」他們又說：「不是因為美的誘惑力，而離開了嚴肅和費力的工作，或者至少是，因為受到誘惑而草率地處理工作！有多少軟弱的理智與公民組織的不合，不只是因為詩人的幻想喜歡建造一個與一切迴然不同的世界，那裡沒有習俗約束各種意見，沒有藝術壓抑自然。自從狂熱欲望在詩人的油畫中以最光彩奪目的顏色引人注目以來，自從它與法則跟義務的爭鬥中仍保衛住向來保有的地盤以來，還有哪些危險的辯證[11]是狂熱欲望還沒學會的？現在，美為向來由真理所管轄的社交往來提供了法則，且外在的印象決定了本應照功勞獎敘的功績，在這些情況下，社會又獲得了什麼呢？的確，人們現在看到一切美德

8 盧梭在其《論科學與藝術》（一七四九）中否定科學和藝術對文明有正面作用，認為人來自自然，而出自自然的人才是自由的，美也是只有出自然才是真正自由的美。

9 人內在執行抽象能力之處。

10 不是幻覺、不受人主觀意見影響之物。

11 指欲望的美不斷為自己能不受道德或其他法則之約束而提出許多辯駁，這些辯駁之所以危險是因為會帶來更多更具爭議性的討論。

都無比興盛，在現象中出現了令人喜愛的效果，在社會中賦予一種價值，但人們也看到了，所有放蕩行為引領風騷、所有惡習流行著，這些都披著美的外衣。」事實上，這必當引起人們思考，幾乎在每個藝術興盛且品味高過一切的歷史階段中，都可以發現人性沉淪，也無法找出一個特例可以證明，一個種族的審美文化發展高度和普及是與政治自由和公民德行有關，也就是美的習俗是與善的習俗、舉止的高尚是與真理攜手並進的。

當雅典人與斯巴達人維持著自己的獨立和尊重其憲法的基本法則時，趣味在那時尚未成熟，藝術仍在童年期，還說不上美支配著人的心靈。雖然詩的藝術已經達到崇高的境地，卻是靠著天才的飛躍而升起。我們對天才的了解是，它就與粗野為鄰，是在黑暗之處閃爍的一絲光芒，與其說它證明了其時代的趣味，反不如說它反對其時代的趣味。等到在伯里克利（Perikle）[12]和亞歷山大（Alexander）[13]統治下的藝術黃金時代來臨，趣味的統治傳播得更為普遍時，人們就不再發現希臘的力量和自由；雄辯扭曲真理，智慧汙辱蘇格拉底之口，美德汙辱福基翁（Phocion）[14]的生活。至於羅馬人，早在我們看見希臘的藝術擊敗他們性格的僵化之前，就知道他們已在公民戰爭中耗盡精力，並因為東方國家的繁榮而衰頹，屈從於一個幸運君主的枷鎖下[15]。對阿拉伯人來說，也是直到他們好鬥精神的能量在阿拔斯（Abbassiden）[16]政權下疲軟之後，其文明曙光才出現。在近代義大利，美的藝術也並沒有展現得更早些，而是展現在莊嚴的倫巴第聯盟（der Bund der Lombarden）[17]破裂之

12 伯里克利（公元前四九五～四二九），推動雅典民主政策的改革者，在希波戰爭之後重建雅典並恢復古希臘建築與文明。

13 亞歷山大（公元前三五六～三二三），繼承父志一生征戰無數，未曾失敗，征服整個波斯地區後，繼續擴張領土，在擴張領土時也不斷執行文化融合政策，使希臘的文化能不斷向東流傳。

14 福基翁（公元前四〇二～三一八），雅典時期的軍事家，因為倡議民主而被處死。

15 指屈從於獨裁的政體。

16 阿拔斯（七五〇～一二五八），阿拉伯帝國的第二個世襲王朝，領土廣大，提倡翻譯外國典籍，使伊斯蘭世界得以接觸世界上不同的哲學、科學知識。

後，佛羅倫斯（Florenz）屈從於美第奇（Mediciern）[18]之後，所有充滿勇氣城市中的那些獨立精神不光彩的投降之後。再提近代國家為例實為多餘，它們的文明程度隨著其獨立性終結而增長。在過去的世界中，舉目四顧都能看到趣味和自由彼此迴避，而只有在英雄美德殞落時，美才建立起它的統轄[19]。

審美的文化是以性格的潛力換取而來，而這種性格的潛力是人類一切偉大和卓越最有效用的動力，一旦缺乏，即便有其他同樣偉大的優勢也難以彌補。假如要從至今為止的經驗中提出美的影響所給的教訓，那麼確實無法甘心於培養這種會威脅到人類真正文明的情感；人們寧可冒著粗俗和艱難的危險而捨棄美的融化力[20]，也不要在文明化的一切好處中，看見那令人疲乏的影響力流傳。但也許經驗不能做為仲裁這個問題的審判者，在人們承認它所提出的證據很重要之前，必須先毫不懷疑我們所談的美和那些例證所反對的美是同一個。似乎還應該先提出一個美的概念，這個概念並非出自經驗，而是來自其他來源，因為透過它應該要能澄清，凡在經驗中被稱為美者，是否有理由用美這個名字來稱呼它。

若要提出一個美的純粹理性概念，那麼就必須去抽象的道路上尋找——因為這個概念不可能來自實際案例，反而是它糾正並引導我們對每一樁真實事件做出判斷[21]，並且可以從感性—理性本質的可能性中推論出來；一言以蔽之，美必須展現為人的必要條件。我們必須使自己提升到人性的這個純粹概念上，經驗為我們展示的只是個別人的個別

17 十二世紀時，位於北義大利的城市聯盟，一度於一一九〇年瓦解，後為抵抗羅馬帝國再次組成。

18 在十五世紀到十八世紀之間，美第奇家族因經商與金融事業成為佛羅倫斯當地最有勢力的名門望族，由於他們對藝術建築的重視，除贊助藝術者，也成為文藝復興重要的推動因素。

19 席勒總結上述所舉的例子，就經驗上來看，國家的獨立和文明經常不是同時發展，而是在失去自由之後，才開始發展其文明，在經驗上的美也似乎是如此，總是在打破時代的趣味時才開始發展。

20 席勒從接下來的信到第十六封會開始討論美的性格：融化性的美與振奮性的美。

21 美不可能從具體、經驗的事件中歸納出來，它本身才是我們得以做出判斷的來源。

狀態，從未是整體人性，所以我們必須在這些人性的個別和可變化的現象中找出絕對者和永存者[22]，並藉由揚棄所有偶然的限制，來嘗試掌握人類存在（Dasein）的必要條件[23]。雖然這條先驗的（transzendentale）道路[24]會讓我們脫離現象的舒適領域和活生生的事物當下一段時間[25]，並讓我們滯留在抽象概念的赤裸曠野中；但我們是為追求知識的確切原則而努力，這個原則不會再為其他事物撼動；不敢跨越現實的人就無法征服真理。

22 神性。

23 何以成為一個人的必要條件。

24 康德用語，指先於經驗、無須通過經驗但使經驗得以可能的條件。

25 席勒意味探索美這個概念，並不能從經驗上獲得，而是要從人的純粹理性中得出，因而在研究美的時候，是以抽象思考的方式來進行，因而不得不脫離現實生活、感性直觀那種方便的認識方式。

第十一封信

感性與理性的統合

倘若盡可能加以高度抽象，就會得出兩個最終概念，且抽象必須終止於此，承認這是它的極限。抽象從人類身上識別出兩種東西：一種為保持不變的事物，稱為人的**人格**（Person）；另一種是不斷變動的事物，稱為人的**狀態**（Zustand）。

人格和狀態，亦即人的自我與其各種規定，這兩者被設想為在必然本質中是同一的，但在有限的本質中卻永遠是兩個[1]。人格的一切保持恆定時，狀態在改變；而一切狀態變動時，人格則保持恆定。我們的狀態從靜止到行動、從衝動到冷漠、從一致到矛盾；但我們依然是我們，並且只要直接出自我們的事物[2]都保持不變。在絕對的主體中，人格的一切規定也只隨著人格性（Persönlichkeit）一同保持恆定，因為這些規定來自人格性。一切神性事物之所以是神性，即因為神性存在；[3] 因此，正因為神性是永恆的，所以它就是一切永恆之物。

在作為有限存在的人身上，人格和狀態是有所區別的，因此，狀態不可能建立在人格之上，人格也不可能建立在狀態之上。[4] 假使人格可以建立在狀態之上，那麼人格必定會變化；倘若狀態可以建立在人格上，那麼狀態必定是恆定不變的；所以不管在哪一種情況下，要不是人格性不再是人格性，就是有限不再是有限。[5] 不是因為我們思考、

1 有限的本質指在經驗中的人，相對於絕對的本質（神）。在經驗中的人身上，人格和狀態是永遠不會統一起來的兩者。

2 直接出自我們的事物指人格。

3 當我們想到神性的時候，神性就已經存在。

4 在經驗的人身上，人格和狀態是無法統合的兩者，因為人格是固定不變，而狀態是不斷在變化的。

5 人格是永恆的，而狀態是變化的，不管在哪一種情況下，這兩者都保持如此。

欲求或感覺，我們才存在；也不是因為我們存在，我們才思考、欲求或感覺。我們存在，是因為我們存在；我們感覺、思考和欲求，是因為在我們之外還有其他的存在。[6]

因而人格必定是它自身的根基[7]，因為恆定者不可能從變動者而來；我們因而首先有了一個在其自身中奠基的存在的絕對觀念，這個觀念就是**自由**。狀態也必須有一個基礎；因為它不是藉由人格而存在，亦即它不是絕對存在，所以它必須是繼起生發的（erfolgen）[8]；因此，我們接下來有了一切依附性存在[9]或變化所需的條件：**時間**。「時間是所有變化的條件」——這是同一的命題（identischer Satz）；因為此命題只表明「序列即是某些事物發生的條件」[10]，此外無他。

在永恆不變的我之中展現的人格，而且它只在永恆不變的我之中展現，此人格是無法變化、不能在時間中開始的，反而時間會在人格之中開始，因為變化必須仰賴一個不變的根基。倘若有任何改變，必定是有某些事物在改變，而不是這些事物本身就是變化。因此當我們說花開和花謝時，是把花當成變化中的不變，並且彷彿賦予它一種人格，在其中展現出花開與花謝的兩種狀態。對於人會變化這點，並沒有爭議，因為人不只是單純的人格，而是處在特定狀態下的人格。但所有狀態、所有特定的存在都始於時間，因此人作為一種現象必定也有一個開始，儘管純粹的智性（Intelligenz）[11]在人身上是永恆的。沒有時間，也就沒有變化，人就絕不會是特定的存在；他的人格性（Persönlichkeit）雖然存在於天資中，但不存在於現實中。[12]只有透過表象的序列，保持

6 我們存在的事實就證明我們存在，不是透過我們的能力（感覺、思考、欲求）而證明。我們的感覺、思考和欲求只是證明有其他事物在我們之外，這些事物作為對象而使得我們感覺、思考、欲求。

7 按照席勒前述定義，人格作為固定不變者，是不會從其他變化的東西而產生，因此人格自己本身就必須是自己的基礎。

8 狀態是不停變化者，所以不會從固定不變者產生，而是從變化的事物之間的前後順序而產生。

9 指要依賴其他事物才得以存在者。

10 變化的事物彼此之間都是因果關係，除此之外沒有其他原則。

11 即神性。

恆定的我自身才成為現象[13]。

人必須先接受活動的物質，或者接受最高智性[14]從本身創造出的實在性，並且人藉由知覺（Wahrnehmung）[15]，把物質和實在性當作空間中在他之外而存在的事物，以及把它們當作時間中在他之內而變化的事物。他那種永不變化的自我伴隨著這些在他之中變化的材料——並且在一切變化中都持續保持自身不變，把一切知覺都當作經驗，亦即當作認識的統一體[16]，把他[17]在時間中的每一種顯現方式（Erscheinungsarten）都當成適用於每個時刻的法則，這些就是透過他的理性本質所給予他的規章。人只有透過自身改變，他才存在；只有透過保持不變，人才存在。因此，完美展現出來的人應該是固定不變的統一體，它在不停翻湧的洪流中仍然保持恆定的同一（ewig diesebe）[18]。

無論無限的存在（即神性）是否不可改變，人們還是必須將一種傾向稱為神性的，這種傾向把神性的最根本標誌——即能力的絕對宣告（一切可能事物的實現性）和現象的絕對統一（一切實在事物的必然性）——當作是它的無限任務[19]。人類在其自身人格性中有著朝向神性的天性，這是不可否認的；通往神性的這條路——倘若可以把永遠達不到目標的路也稱為路的話——是在感性中開啟的。

人的人格性，如果單獨且不依賴所有感性材料來看，只是一種可能無止盡外延的天性；只要他不看、不感知，就只不過是形式和空洞

---

12 人作為觀念，是人格，是絕對；但作為現象，他就是狀態，具時間性、受因果關係限制。

13 只有透過現象的前後順序關係，才使絕對的人格被表象出來。

14 指神性。

15 人對外在事物的認知能力。

16 人是認識主體，他依據法則建立對外界事物的所有認識。認識的統一體指的是經驗。

17 即前面所說的不變的自我。

18 觀念中的人是不會變化且保持統一者。

19 神性是無限的、絕對的、必然的，所以從神性這個概念推論出來的一切也都是無限的、絕對的、必然的，但這純粹的神性在現實中是無法實現的，若要實現它，就會是一種無限的任務。

的功能。人的感性，如果單獨且與一切精神的自身活動區隔開來，不過是把缺乏感性、徒具形式的人轉化為物質，但沒有辦法將物質與人合一[20]。只要他還感覺著、追求著和受純粹欲望影響著，他就不過是**世界**[21]——假若把世界這個名稱理解為時間的無形式內容[22]。雖然只有人的感性能將人的能力變成活動力；但只有人的人格性，能將他的活動變成是他自己的。為了不只是成為世界，人必須為質料加上形式；為了不只是成為純粹的形式，他必須讓自己具有的天性變成現實。當他創造時間，使恆定與變動對立、使自我的永恆統一和世界的多樣性對立時，形式便成為現實；當他再次揚棄時間，在變化中保住恆定不變[23]、使世界的多樣性順從於他的統一性時，質料就有了形式。

這就對人產生了兩種相反的要求，即兩種感性和理性的基本法則。第一項要求是絕對的實在性[24]：人應該將一切純粹形式的事物都轉化為世界，且使他的一切天性都表現為現象。第二項要求是絕對的形式性：人應該消滅自身內一切純粹世界的事物，且將一致性帶到他的一切變化中。換言之，人應該將一切內在事物外在化，將一切外在事物形式化。倘若這兩種任務得以充分實現，那麼就回到了我開頭所提到的神性概念。

20 沒有理想的感性，只是對外在事物的觸動，那麼人和其他事物沒有兩樣，就只是盲目的物質而已，也無法認識對象。

21 對象。

22 沒有形式的內容就是蕪雜的事物。

23 用形式統一質料。

24 把抽象變成實在而表現。

第十二封信

感性衝動與形式衝動

為了完成這兩項任務——把在我們之內的必然變成現實、使在我們之外的現實服從於必然的法則，我們會需要以兩種相反法則的力量來驅動自己去完成其目標，因此將它們稱為衝動是恰如其分。這兩種衝動中的第一種，我稱它為感性衝動（der sinnliche Trieb），它是以人的物質性存在，或者說是以人的感性本性為起點，並致力將人置於時間的限制之內，使人變成物質，而不是給予人物質[1]。因為把質料給予人，是屬於**人格的自由活動**，人格接受物質[2]，並把質料與自身（即恆定不變者）區別開來。物質在這裡不過就是變化或充滿時間的實在[3]；因此這種衝動要求變動，要求時間有內容。這個充實了內容的時間之狀態便稱為**感覺**，只有藉由這種狀態才能顯現人的物質存在。

凡是在時間中的一切都是依序接續的，因此某些事物的存在就會排斥其他事物。當人在樂器上彈奏出一個音時，在一切可能發出的音中，便只有這一個是唯一真實的音；當人感覺到眼前事物時，他的無限可能之規定就會受限於這唯一的存在方式。[4] 因此在這個衝動發生作用的地方就必然存在最大的限制；人在這狀態中不過是一個度量單位（Größeneinheit）[5]，是在時間中被實現的一個時刻；或者確切的說，當

1 感性衝動的任務是使人成為感性世界裡的一部分，而不是以精神去形構物質。

2 人格的任務是形構物質。

3 在感性衝動運作下，物質只是在時間中表現出來的變化狀態。

4 以彈奏一個音的例子來解釋，就感覺而言，只有感覺到的當下那個事物才是真實的。

5 在感性衝動發生的當下，人就成為一個瞬間的真實存在，是構成全部生命的單位。宛如單一音符般，作為構成整首樂曲的單位。

人受感覺支配、被時間拖著走時，他的人格便已廢棄，人不再存在。[6]

只要人還是有限的，衝動的領域就會延展開來；而且因為一切形式只能顯現在質料上，一切絕對也只透過局限的媒介展現[7]，所以最終自然地，一切人的現象也都限制在這種感性衝動上。儘管只有感性衝動可以喚醒和發揮人類的天性，但也正是因為感性衝動才使人無法達致圓滿。它用不可撕裂的繩索[8]把往高處奮鬥的精神禁錮於感性世界中，它把在無限中最自由變動的抽象喚回當下的界線內。雖然思想可以暫時逃脫這種衝動，堅定的意志可以成功抵禦衝動的要求，但被壓抑的本性很快就會重新恢復其權利，要求存在的實在性，要求我們的認識有內容，要求我們的行動有目的。

這兩種衝動中的第二種可以稱為形式衝動（Formtrieb），以人的絕對存在，或者說是以人的理性天性為起點；形式衝動竭力使人得以自由，使人的各種表現得以和諧，並在一切狀態變化中保持其人格不變。因為人格作為絕對和不可分的統一體不會和自身相矛盾，因為我們永遠就是我們，所以這種要求人格性恆定的衝動，除了它必須永恆要求的東西之外便別無所求：它現在的決定就是永久的決定，它現在的命令就是永久的命令。因此這種衝動包含了時間的所有序列，也就是說，它揚棄了時間、放棄了變化；它想要現實的事物都是必然和永恆的，它要永恆和必然的事物都會是現實的；換句話說，它要求的是真理和合理性。

6 原註：對於這種在感覺支配下的無我狀態（Selbstlosigkeit）有個非常恰當的表達：在己之外（Außer sich sein），即在自我之外（außer seinem Ich sein）。雖然這個說法只在感覺變成激情且這個狀態由於其長時間持續存在而被察覺時使用，然而只要人還在感覺，每一種感覺都是在己之外。從這個狀態回到謹慎的狀態（Besonnenheit）時，人們同樣會說：返回自身（In sich gehen），即回到自我（in sein Ich zurückkehren），回復其人格。對一個處於無能狀態的人，人們不會說「他在己之外」，而會說「他脫離自身」（er ist von sich），也就是說，他被剝奪了自我，他不在他的自我之中。因此當他從無能狀態重返原狀時，就是保持自我（bei sich），這樣的狀態是可以好好地與在己之外的狀態並存的。

7 如同前一封信所述，絕對的人格只有透過現象的前後順序關係，才能表現出來。

8 比喻人總是更為直接的受感性影響。

假若第一種衝動只是造成各種個案，那麼第二種衝動便提供了法則：若是與認識有關，這個法則就是判斷的法則；若是與行動有關，這個法則就是意志的法則。不管是在我們認識一個對象時，使我們主體的狀態具備客觀的有效性，或是我們從認識出發而行動，將客體當作我們的狀態之規定基礎，在這兩種情況下，我們都從時間的裁決中奪回了這種狀態，並且承認它對所有人和所有時間都具有實在性，也就是承認它具有普遍性和必然性。感覺只能說：「對於這個主體和這個時刻，這都是真的」，但等另一個時刻和另一個主體到來時，感覺就會收回當下的這種陳述。但假若思想說：「是這樣的」，那麼它就做出了一個永恆的決定，它的判斷的有效性是由那個即使在變化中仍然保持不變的人格性本身所擔保的。愛好（Neigung）只能說：「這對你個人和你現在的需求是好的」，但變化會帶走你個人和你現在的需求，並使你現在熱切渴求的那個東西變成你厭惡的對象。倘若道德情感說：「應當如此」，那麼它就做了一個永恆的決斷——假若你承認真理是因為它就是真理、因為這是正義而履行正義，那麼你就是已經把一個個案轉化成適用於所有情況的法則，把生命中的一個瞬間當成永恆來對待。

在形式衝動引領統治之處[9]、在我們之中的純粹客體[10]活動之處，存在就會擴展到最大。在那裡，所有的限制都會消失；在那裡，人會把自己從受貧乏感官所限制的度量單位提升成掌握整個現象領域的觀念統一體[11]。在這個過程中，我們不再是在時間之內，而是時間與它整個無止盡的序列在我們之內。我們不再是個體，而是種屬；一切精神的判斷透過我們的判斷來表達，一切心靈的抉擇都以我們的行動來體現。

9 指在形式衝動要求永恆無限的情況中。

10 純粹的、理想的、觀念的人。

11 在形式衝動運作時，人才會從經驗的人提升成為觀念的人。

第十三封信

感性衝動與形式衝動的分際

乍看之下，似乎沒有比感性衝動和形式衝動這兩種衝動的傾向更加對立的了，一個是要求變化，另一個是要求不變。然而這兩種衝動已經窮盡人的概念，可以協調這兩種基本衝動（Grundtrieb）的第三種衝動更是完全難以想像的概念。人本性的統一似乎完全被這種原始、極端的對立破壞了，怎樣能把它再次復原呢？

這兩種衝動的傾向確實相互矛盾，但也看得出來，它們並不是在同一個對象中互相矛盾，那些互不相遇的事物也無法彼此相碰撞。感官衝動雖然要求變化，但它不要求變化觸及人格和人格的領域、不要求更換基本原則；形式衝動要求同一和恆定，但它並不想要用人格把狀態固定下來、不要求感覺的同一。因此這兩種衝動彼此在天性中並非對立的，倘若它們看起來還是對立的，那是由於它們各自誤解了自己，混淆了各自的領域而違背了天性，才會出現這種情況[1]。監視這兩

1 原註：只要人們宣稱這兩種衝動有一種本源的、並且因而是必然的對立，那麼除非將感性衝動置於理性衝動之下，否則就沒有其他辦法保持人自身中的統一。但從這裡產生出來的只有單調，沒有和諧，人還是永遠繼續分裂著。這種從屬關係是必須的，但也是互相的；因為雖然限制從未能為絕對奠定基礎，意思是自由從不會依賴時間，所以同樣可以確信的是，絕對也不會透過自身設下限制，時間中的狀態也不可能依賴自由。因而這兩種原則是同時彼此隸屬又同等的，也就是說，它們的關係是相互作用：沒有物質就沒有形式，沒有形式就沒有物質。（相互作用的概念和其全部的重要性出自費希特在其《全部知識學的基礎》〔*Grundlage der gesamten Wissenschaftslehre*，萊比錫（Leipzig），一七九四〕中的精闢闡釋。）人格在觀念的國度中會是如何？我們自然無法得知，但我們知道，如果人格不接受物質，在時間的國度中就無法顯現，因此我們確知：在這樣的國度中，物質不只是在形式之下，而是伴隨形式又獨立於形式並共同提供規定。必然如此的是，理性領域中的感覺無法決定任何事；同樣必然如此的是，感覺領域中的理性也不能任意要求任何事。理性和感覺都有各自的領域，將對方排除在自己所屬的領域外，並各自設下界限，越過界線將給雙方都帶來壞處。

在先驗哲學中，主要是將形式從內容中釋放出來，使必然性不含一絲偶然，因而很容易把物質想成是一種障礙，但由於感官正好走在阻擋前述活動的路上，因而很容易被認為跟理性必然矛盾。這樣的想像方式雖然絕不符合康德系統的精神，但至少可能完全符合康德系統的字面意義。

種衝動，並且確立它們各自的界線，這便是文明的任務；文明理應平等對待這兩種衝動，不只是在面對感性衝動時要維護理性衝動，也要在面對理性衝動時維護感性衝動。因此文明的任務是雙重的：其一，保衛感性不受自由干涉；其二，確保人格性以對抗感覺的力量。要實現第一項任務，就要培養感覺能力，而要實現第二項任務，就要培養理性能力。

因為世界是在時間中延伸，是變動的，因此，那種使人與世界產生聯繫的功能若是完善的，它必定就具備最大可能的變動性和廣度（Extensität）[2]；因為人格在變動中是持存者（das Bestehende）[3]，所以對抗變動的功能，若是完善的，它也必定具有最大可能的獨立性和強度（Intensität）[4]。越多樣化地培養感受性，感受性就越靈敏；感受性若能提供現象越多面向，人也就越能掌握世界、越能在自身中發展更多天賦；人格性越具有力量和深度，理性就獲得越多自由，人也就越能夠理解世界、越能在他自身之外創造更多形式。因此，人的文化教養在於：第一，為感覺能力獲取聯繫世界之最多樣化的接觸，且盡可能在感覺上發揮最高度被動性[5]；第二，為規定能力保持最不依賴感覺能力的最大獨立性，且盡可能在理性上發揮最高度主動性。結合這兩種能力特性就等於人把最大的獨立性及自由與生存的最多豐富結合在一起了，人並不會因而消失在世界之中，反而是把世界及其現象的所有無限性帶入自身，並使世界屈服於其理性的統一[6]。

人也可以反轉這種情況，因此有兩種情況達不到他的規定。他可能把要求活動力量（die tätige Kraft）的強度放到承受力（die leidende

2 指感覺功能可以盡可能接受世界的多樣性。

3 永遠不變者。

4 指人格是有絕對不受狀態變化影響而變動的強度。

5 前一封信提及，感覺總是最直接產生影響，因而當感覺發生作用時，就使無限可能被限制在當下。這裡提醒，為了要使感覺能力能夠獲得最大廣度（多樣性），就得使感覺作用盡可能被動。

6 在觀念中統一多樣性。

Kraft）上[7]，藉由物質衝動搶先形式衝動一步，把感覺能力當成規定能力。他也可能把應該給予承受力的廣度分配給活動力量，透過形式衝動搶先物質衝動一步，把規定能力轉換成感受能力。在第一種情況下，人將不是他自己；而在第二種情況下，人不會是其他事物；因此在這兩種情況中，都沒有一個是他自己，所以，他是不存在的[8]。

如果是感性衝動在起作用，感性就成為立法者；假若世界壓抑了人格而具有權力，它在這一層關係中也不再是客體。只要人僅僅是時間的內容，他就不存在，他也不再具有內容。人的狀態也隨著他的人格性一起被揚棄，因為這兩者是具相互關係的概念——因為變化要求一個恆定的事物，受限的實在性要求一個無限的實在[9]。倘若是形式衝動在感覺著，也就是思考力先於感覺出現，人格替代了世界，那麼一旦人格侵占了客體的位置，人格在這同樣的關係中就不再是獨立的力量和主體，因為恆定的事物要求變化，絕對的實在性為展現自己要求限制[10]。只要人僅僅是形式，他就沒有形式，因而人格也會隨著狀態而被揚棄。簡言之，只有人在獨立的時候，實在才在他之外，他才能感

7 活動力量指規定能力，承受力指感覺能力。

8 原註：過多感受不利於我們的思想和行動是顯而易見的，但不容易看出（且重要）的是，過多理性不利於我們的認識和行動之處，而且這經常發生。因此，請容許我對大量因占優勢的思考力和意志力而傷害到直觀（Anschauung）與感覺的情況，提出兩點注意事項。

我們的自然科學之所以進步得如此緩慢，最主要的原因之一，顯然是因為普遍和幾乎不可抑制地偏愛目的論判斷。只要目的論判斷從本質上（konstitutiv）仍被運用著，在它們運作時，規定能力就會替代感受能力。雖然自然可能還是可以深刻又多樣地觸動著我們的感官，但對我們來說，它已經喪失了所有的多樣性，因為我們不再於自然中尋找任何事物，而只尋找我們給予自然的那些事物；因為我們不允許自然朝向我們運動，反而會以干預的理性（譯註：指以目的論的立場去判斷自然而非純粹感受）迫切地往外追逐著自然。假若在數百年之後，有人用寧靜、純真的和坦率的感官去接近自然，因而遇到大量我們因為事先防範而錯過的現象，我們也會訝於竟然在光天化日眾目所視之下卻什麼也沒看到。在組合單音構成合奏之前，就過急地追求和諧的合奏；在尚未要求思想的領域中，就粗暴地以思想力篡奪那個領域中的位置，這就是為什麼有許多聰明人在科學最好的領域中依舊徒勞無功，很難說究竟是沒有接收形式的感性或沒有等候內容的理性（譯註：指盲目未受精神驗證的思想，和只依據規定判斷的思想），哪個更有害於知識的擴展。

博愛的實踐之所以遭受破壞與變得冷漠，究竟是因為我們欲望的熱切或原則的僵化所致；抑是因為我們感官的自私或理性的自私所造成，同樣難以確定。為了可以成為合群、有作為和積極的人，感覺和個性必須互相結合一致，同樣地，為了獲得經驗，也必須讓感官的開放性和理性的力量同時發生（譯註：喻不可偏廢感性或理性其中一方）。如果沒有能力信賴與真正吸納別人的天性、掌握他人的情況、把他人的感覺視為自己的感覺，即使我們讚許這樣的準則，又如何能夠恰當、和善又人性地對待別人？當人們嘗試打斷欲望、透過原則確定個性時，這個能力不只覺；只有人在感受時，實在才在他之內，他才是一種思考的力量。

這兩種衝動都需要有所限制，只要它們被認為是力量，就有必要放鬆。亦即，感性衝動不要闖入立法者的領域，形式衝動不要闖入感覺的領域。感性衝動的放鬆絕不能是物質無能為力與感覺遲鈍的結果，這種結果在任何地方都只會遭受輕視；感性衝動的放鬆必須是自由的行動、必須是人格的活動，它將以道德的強度去節制感性的強度，透過控制印象使它不能往深處發展，而是加強其廣度。因而性格必須為稟性（Temperament）[11]規定界限，因為只有精神才能讓感性消失。同樣的，形式衝動的放鬆也不能是精神能力、思考力或意志力軟弱的結果，這種結果會使人自卑。感覺的豐富度必須是它的光榮泉源；感性本身必須以必勝的力量捍衛其領域，抵抗精神的干預——因為精神樂於對它施加暴力。簡言之，人格性必須使物質衝動保持在它所屬的範圍內，感性或自然必須使形式衝動保持在它所屬的領域內[12]。

在我們所受的教育中，也在我們給自己的教育中，同樣都受到壓抑。因為在一切感覺活躍之處，要忠於性格的原則是困難的，因而人們會採取便利的方式，藉由鈍化感覺而確立性格；因為比起制伏一個勇敢又精力充沛的敵人，在一個卸除武裝的對手之前保持冷靜，自然容易許多。在這過程中，大多數情況也是如此，即稱呼一個人為陶冶之人，這個詞最好的意義是人內在而非外在的改造。一個受過陶冶的人，當然不會是粗野的，自然也不會作為粗野的自然而出現；但因為他會穿戴上原則的盔甲對抗對自然的一切感受，所以外在和內在的人性都對他同樣沒什麼影響。

在人們評判他人以及應當為他人效力的情況中，倘若完全嚴格地依據理想的完善去要求完善，這對完善可是非常有害的濫用。在評判他人的情況中，這種濫用將導致狂熱；在應當為他人效力的情況中，這種濫用將導致冷酷與無情。如果人們在思想中把需要我們幫助的真實之人視為可以自助的觀念之人，那麼他的社會義務自然無比容易。嚴以律己，寬以待人，才是真正的卓越性格。但人卻大多是寬以待人者，寬以律己；嚴以律己者，嚴以待人；而寬以律己，嚴以待人者，則是最可鄙的。

9 人格與狀態雖各自獨立但又彼此相關，沒有人格（固定不變者）就沒有狀態（變化）。反之亦然。

10 固定不變者若要實現，就只能藉由變化來顯現。

11 人的天性素質。

12 人格（固定不動者）必須使物質衝動（感性衝動、其對象是變化）保持在被動、承受的領域；感性或自然（不斷變動者）必須使形式衝動（其對象是永恆絕對）保持在主動、自由的領域。

第十四封信

遊戲衝動

我們已經進行到在這兩種衝動間相互作用的概念了。在相互作用下，一種衝動的作用同時也為另一種衝動的作用奠基和限制其範圍，每一種衝動正好都透過另一種衝動的活動而達致它自身的最高顯現。

兩種衝動的相互關係雖然只是理性的一個任務，且只有人在他的完整存在的狀態下才有能力去解決這個任務。因此這是最根本意義上的**人性觀念**，是無限的，是人可以在時間過程中不斷去靠近、卻永遠都無法達到的觀念。「人不應該為追求形式而犧牲實在，也不應該為追求實在而犧牲形式；反而應該藉由特定事物尋找絕對的存在，透過無限的事物找尋特定的存在。人應該面對世界，因為他是人格；他也應該是人格，因為世界也面對著他。人應該感受，因為他能意識到自己；他也應該意識到自己，因為他能感受。」[1] 只要他排除兩種衝動中的任一種，或只是先滿足一種衝動後再滿足另一種，他便無法得知，他自己真正符合這個人性的觀念，因此是充分意義上的人。因為只要他還僅只是去感覺，他的人格或他的絕對存在對他來說就只是個祕密；同樣的，只要他還僅只是思考著，他在時間中的存在或狀態也只是個祕密。但也可能出現以下情況：他同時經驗這兩者，即他同時意識到自己的自由、又感覺到自己的存在；他感覺自己是物質，但又認識到自己是精神。因而在這種情況下，且絕對只有在這種情況下，他才有關於自身人性的完整直觀，而使他得到這種直觀的對象，也才會使他

[1] 這段引文應為對前述人性觀念的闡釋。人就是具有感性與理性、有物質與形式面，不該為其中一方偏廢另一方，而是應當既通過世界（變化的事物）展現人格（理想、無限的事物），也通過人格感受世界，不然人就不過只是物質而已。

成為一個已實現規定的象徵[2]（因為這種規定只有在時間整體中才能完成[3]），因此成為無限事物的一種表現。

假使這些情況能夠出現在經驗中，那麼這些情況就會在人身上喚醒一種新的衝動，而且因為原先的兩種衝動都可以在這種新衝動中共同起作用，所以單獨來看，它和那兩種衝動中的任一個也都是對立的，因此可以合理地稱它為新的衝動。感性衝動要求變化，即要求時間要有內容；形式衝動要求取消時間，要求沒有變化。因此那一種使兩種衝動在它之中結合起來而運作的衝動，即遊戲衝動（在我論證其名稱之前，請允許我暫時稱它為**遊戲衝動**〔Spieltrieb〕[4]），其目標也是要在時間中揚棄時間，使生成與絕對存在相協調、使變化與同一相協調[5]。

感官衝動要求被規定，它要求感受它的對象；形式衝動要求自我規定，要求創造它的對象；遊戲衝動則致力於如它自己要創造的那般去感受，如感官要求感受那般去創造[6]。

感性衝動從自己的主體中排除一切自我活動和自由，形式衝動從自己的主體中排除一切依附性和受動（alles Leiden）[7]。但是排除自由是自然的必然性（die physische Notwendigkeit）、排除受動是道德的必然性。這兩種衝動都強制人的性情，感性衝動是透過自然法則，形式衝動則是透過理性法則。遊戲衝動則是與這兩種衝動結合而發生作用，因而同時在道德面和自然面都強制要求了性情：因為遊戲衝動揚棄一切偶然，所以它也揚棄一切強制，並且會讓人性無論在自然面或道德

---

2 人只有擁有如席勒所述的完整人性之見解（感性衝動和形式衝動共同運作），他才會成為一個人。

3 只有在時間裡（即變化）才能展現人格。如同第十一封信提及的：只有透過在時間中現象的前後順序關係，絕對的人格才能被表象出來。

4 在觀念中，感性衝動和形式衝動是各自運作著，但在經驗中，這兩者是共同起作用的，而這種共同起作用的中介，席勒將之命名為遊戲衝動。

5 使必然的、絕對的事物得以實現。

6 遊戲衝動是形式衝動和感性衝動的結合，它兼備兩者作用，既創造又感受。

7 指前一封信提到的感受的被動性。

面都獲得自由。假若我們熱情地去擁抱一個應被鄙視的人時，我們會難堪地感受到自然本性的強制要求；假若我們敵意地對待一個值得尊重的人，我們也會痛苦地感受到理性的強制要求。但如果那個人既能引起我們的好感、又能贏得我們的敬重，那麼不管是感覺的壓力或理性的強制都會消失，我們會開始去愛他，**也就是說，我們同時與我們的好感、又與我們的敬重一同遊戲**。

此外，當感性衝動在物質面、形式衝動在道德面強制我們時，感性衝動會使我們的形式特性成為偶然，形式衝動則會使我們的物質特性成為偶然[8]；意即：無論我們的幸福是否和我們的完善性相一致，或是我們的完善性是否與我們的幸福相一致，那都只是偶然[9]。因此，使兩種衝動在它之中一同作用的遊戲衝動將同時使我們的形式特性和質料特性成為偶然，也同時使我們的完善性和幸福都成為偶然。但也正因為遊戲衝動使這兩者都成為偶然，又因為必然性將使偶然性也隨之消失，於是遊戲衝動會在兩者之中揚棄偶然性，把形式送入質料中，把實在送入形式中[10]。當遊戲衝動排除了感覺和感受的強力影響，它會使它們與理性觀念相互協調一致；當它消除了理性法則的道德強制，它也會使它們與感性的興趣相調和。

8 感性衝動（被動的接受）使我們的形式特性（自由）成為不必然的事物；形式衝動（主動的創造）使我們的物質特性（自然）成為不必然的事物。因而無論在哪一面，人的特性都變成不固定的。

9 此處所指的幸福與完善性的關係為福德一致的問題。

10 只有當人意識到自己具有雙重特性：既是自然又是自由、既是物質又是精神，才會去實現感性衝動和形式衝動的共同運作，才是以遊戲衝動嘗試結合變化的事物與保持不變的事物、結合被動的事物和創造的事物、結合理性和感性。

第十五封信

完美的人性：美

我沿著一條不怎麼令人振奮的小徑，不斷地引您邁向一個越來越接近的目標。請容許我再帶領您往前幾步，那麼我們將會發現一個更加自由的視野，一個令人雀躍的前景將會讓這一路上的努力都值得。

用一個普通的概念來說明，感性衝動的對象就是**最廣義的生命**（Leben），這個概念指的是一切物質存在和一切直接呈現給感官裡的當下。以一個普通的概念來說明，形式衝動的對象就是**形象**（Gestalt）——無論是引申之意或原本的意義；這個概念包含一切事物的形式特性和一切事物對思維力的各種關係。以一個普通的圖式（Schema）[1]來表現，遊戲衝動的對象就是**活生生的形象**（lebende

Gestalt）[2]，這個概念用來標誌一切現象的審美特性，一言以蔽之，就是在最廣義上，提供人用來稱呼美的事物之名。

按照以上的說明——如果這算是一種說明的話，那麼美既不會擴張到整個有生命之物（das Lebendige）的世界裡，也不會僅只局限於這個領域。一塊大理石，即使沒有生命且永遠都是沒有生命的，也可以藉由建築和雕刻而變成活生生的形象；一個人，即使是活著且有形象，也不表示因此就是活生生的形象。要有活生生的形象，他的形象就得是生命，他的生命就得是形象。在我們僅僅**只**思考他的形象時，他的形象就沒有生命，僅只是抽象的事物；在我們僅只感覺他的生命時，他的生命就沒有形象，僅只是純粹的感覺。只有，**他的形式在我們的感覺中活**

1 康德用語，指人將外在現象透過直觀形式變成一抽象概念而成為範疇的內容。從現象到範疇的過程有一中介，即是圖式。

2 美不單單只是一種形象，而是審美的現實。

著，他的生命在我們的知性中形式化，他才是一個活生生的形象[3]，且不管在哪裡，只要我們判斷他是美的，就必定是如此。

雖然我們能夠明白那在生命與形象的統一中所產生的美的組合成分，卻仍然無法完全描述美的來源；若要描述美的來源，就必須要求對這種統一本身的理解，而這種統一——正如介於有限與無限之間的相互作用一樣——是我們無法加以探究的。理性根據先驗原則提出這樣的要求：在形式衝動和質料衝動（Stofftrieb）[4]間有一種集合體[5]，那就是遊戲衝動；因為只有實在和形式的統一、偶然性與必然性的統一、受動與自由的統一，才會使人性的概念完整實現。理性必定會提出上述要求，因為它就是理性——理性的本質會極力要求完滿性（Vollendung）和排除一切限制，但不管是何種衝動的排他性活動都無法使人類本性完滿實現，都會在人類本性中設下限制。只要理性提出斷言：「人性應當存在」，那麼理性同樣也會樹立「美應當存在」的法則。經驗可以回答我們：這是不是美？而且只要經驗教導我們，我們也會知道是否有人性存在？但是，美如何可以是美？人性如何可能？卻是理性或經驗都無法教導我們的。

我們知道，人不只是純粹的物質，也不只是純粹的精神。因而美作為人性的成就（Konsummation），不會如那些過於死板又仰賴經驗的敏銳觀察家所宣稱的（雖然時代的品味也很樂於將美拉低到純粹生活的程度），是絕對純粹的生活；美也不會是純粹的形象，如過於脫離經驗的思辨哲人所判斷的那樣、如進行哲學思索但對美的解釋又過度依賴藝術需求[6]的藝術家所判斷的那般。美是兩種衝動的共同對象，也就是遊戲衝動的對象。語言的用法完全證明了「遊戲」這個名稱是恰當的，因為「遊戲」這個字通常用來表示**一切在主觀和客觀上都非偶然的事物，既非在外在也不在內在進行強制的事物**。在美的直觀中，

3 這段說明只有當生命（內容）和形象（形式）結合時，才有活生生的形象，即美的產生。

4 此處之後的質料衝動按照文脈應都意指「感性衝動」。

5 結合對立的感性與理性的一個中介物。

心靈（Gemüt）正位於法則和需求之間的恰當位置上，也因為它處於法則和需求之間，所以正好避開了無論是從法則或是從需求而來的強制。感性衝動和形式衝動都認為自己的要求是嚴肅的，因為在認識事物時，感性衝動與事物的現實性有關，形式衝動則與事物的必然性有關；在行動時，感性衝動以維持生命為目標，形式衝動則以維護尊嚴為目標，因而兩者都是以真理和完善為目標。但只要尊嚴插手干預，那麼生命就會變成可有可無；只要牽涉到愛好，義務也不再受強制；同理，只要形式的真實性（即必然性的法則）與事物的現實性（即質料的真實性）相契合，心靈就會更自在、更平靜地接受事物的實在；只要直接的直觀伴隨著抽象，那麼心靈就不會因為抽象而緊張。換言之，一旦心靈與觀念結合，一切現實事物就都失去了其嚴肅，因為它變得微小了；心靈和感覺相遇時，必然的事物就會放棄其嚴肅，因為它變得輕鬆了。

但也許您早已想嘗試反駁我，倘若人們只是把美當成遊戲、且把它與那些經常被視為遊戲的輕浮對象並列，豈不是把美給貶低了嗎？美應該被視為文化的工具，現在被囿於遊戲之中，豈不是與美的理性概念和尊嚴相互矛盾嗎？遊戲即使排除一切趣味仍然可以存在，但現在把遊戲囿於美之中，豈不是與其經驗概念相互矛盾？

在我們知道了在人的一切狀態中，正是遊戲、而且只有遊戲可以使人完整、使人能發揮其雙重天性[7]之後，究竟什麼又該是所謂純粹的遊戲呢？您依據您的想像稱之為限制者，在我依據證據加以證明的想法

---

6 原註：伯克（Burke）在其《對崇高觀念和優美觀念之起源的哲學研究》（*Philosophische Untersuchungen über den Ursprungunserer Begriff vom Erhabenen und Schönen*，一七五七年）中，把美視為純粹的生活。就我所知，教條系統的擁護者，是將美視為純粹的形象，他們對於美這個對象各自有所表述：藝術家拉斐爾．門斯（Raphael Mengs）在他《關於繪畫中趣味的斷想》（*Gedanken über die Schönheit und den Geschmack in der Malerei*，一七六二）裡就是這麼做，至於其他人就不用再提及。如同在一切領域般，批判哲學在這塊領域中也開啟了一條把經驗帶回到原則，把思辨帶回到經驗的道路。

譯註：伯克（一七二九～一七九七），愛爾蘭裔英國作家、政治家，在政治上被視為英美保守主義的創立者；席勒提到的這篇論文在當時曾引起康德等研究美學者的注意。

拉斐爾．門斯（一七二八～一七七九），德國畫家，西方古典主義畫派開創者。

7 感性與理性。

中，則稱它為**擴展**（Erweiterung）。所以我寧可反過來說：對於舒適、完善、圓滿，人們都只能嚴肅以待；但對於美，人則是與它遊戲。在這裡提到的遊戲，當然不是那個在現實生活中進行、只是以非常物質化的對象（sehr materielle Gegenstände）為目標的遊戲；但在現實生活中，要找尋在這裡所談及的遊戲也是徒勞的。真正存在的美是與真實存在的遊戲衝動等值的；但由於理性樹立了美的理想，也等於提出了一種遊戲衝動的理想，而這才是人在他所有遊戲中首要該追求的。

若是在滿足遊戲衝動的道路上去尋找人類的美的觀念，那絕對不會有錯。那也是為何我們是往希臘而非羅馬去探訪維納斯、朱諾（Juno）[8]和阿波羅（Apoll）[9]的理想形象[10]，因為當希臘人在奧林匹亞競技場上，透過不流血的競賽，較力、敏捷與靈巧而感到愉悅時，羅馬人則是以享受角鬥士或他的利比亞敵手死亡前的掙扎而滿足。因而理性說：美應該不只是生活，不只是形象，而是活生生的形象，亦即美之所以是美，便是因為它在人之上加諸絕對形式和絕對實在的雙重原則。因而理性也如此斷言：**人和美之間只應該是遊戲，而且人應該只與美遊戲**。

簡言之，人只有在他做為完整的人的意義之下才遊戲，且他在遊戲之時才是完整的人。乍看之下，這也許有些似是而非，但當我們把這原則應用在義務和命運這種嚴肅的事情時，其中是頗具深意的；我可以對您承諾，這原則將會承擔著審美藝術和艱難的生活藝術之大廈。其實這個原則也只有在科學中才不被指望[11]：長久以來，它已存在於藝術中、以及最高貴的藝術大師——希臘人的情感中，並且起了作用；只是希臘人把原本應該在世界上執行的事情，移師到奧林匹亞競技場

8 朱諾是羅馬神話中代表女性慈愛、母性和生育的女神。對應希臘神話，相當於宙斯的妻子赫拉（Hera）。

9 阿波羅，希臘神話中代表聰明、擔任保護者、俊俏的男神。

10 原註：就以近代世界而言，如果把倫敦的賽馬、馬德里的鬥牛、昔日巴黎的馬戲團、威尼斯的平底船賽、維也納的獵獸和羅馬人愉悅美好的生活相互比較，不難看出不同民族間的趣味有些許差異。但不同的國家所展現的民間遊戲，也遠比不上在這些國家上流世界的遊戲那樣單調，這是很容易解釋的。

11 遊戲的原則不受科學看重。

上。在同一個原則的真理引導下，希臘人不僅讓嚴肅與勞動在終有一死的人類臉頰留下皺紋，也讓空洞臉龐上露出的光彩在天堂的群神額頭上消失；讓永遠的知足者擺脫了任何目的、任何義務、任何憂慮的枷鎖；讓閒散和淡泊成為令人羨慕的神域之命運：這裡只是以人性的方式去稱呼那最為自由和最為崇高的存在。不論是自然法則的物質壓迫，或是道德法則的精神壓迫，都在希臘人對必然性的最高概念之中消失，這個概念包含兩個世界，而希臘人正是從這兩種必然性的統一中獲得真正的自由。[12] 在這種充滿活力的精神下[13]，希臘人從他們理想的容貌中同時抹去偏好與意志的痕跡，或者更確切地說，是讓這兩者都無法辨識，因為他們知道如何串連兩者的最內在。如同朱諾雕像莊嚴的神情所展示的，既非優雅、也非尊嚴，它所展現的不是其一，而是同時展現兩者。女神要求我們崇拜時，如同神般的女性則激起我們的愛；但當我們陶醉於天堂的迷人時，天堂的自足精神又嚇得我們退避三舍。這完整的形象就靜止和棲息在其自身中，是一種完全自成一體的創造，彷彿在空間的彼岸般；沒有退讓、沒有對抗：因為在此沒有與各種力量抗衡之力，沒有縫隙讓時間性（Zeitlichkeit）趁虛而入[14]。我們一方面無法抗拒女神魅力的感動和吸引，另一方面神的尊嚴又使我們保持距離，於是我們就同時處於最平靜和最激動的狀態[15]，並產生了一種不可思議的感受。對於這種感受，理性沒有概念可以掌握，語言也無法命名。

---

12 遊戲就是擺脫感性的、物質的約束和理性的、道德的強制的自由。希臘人就是在遊戲之中獲得自由。

13 指遊戲衝動。

14 指在實在與形式達到平衡時，產生了理想的、觀念的美，這樣的美不受空間與時間條件所限制。

15 在經驗中的美則在感性（受女神魅力的誘惑）和道德（崇敬神的尊嚴）這兩方面帶給我們平靜（崇高感）與激動（受誘惑）的感受。

第十六封信

美的特質

我們已經看到，美是從兩個對立衝動的相互作用中、從兩個對立原則的結合中產生的，因而美的最高理想也就是在實在與形式盡可能完善的結合和在平衡狀態中探索而得來。但這樣的平衡永遠只是觀念，在現實中從未達到過。在現實中總是一個因素的優勢勝過另一個，經驗最多只能在兩種原則中產生搖擺，一下是實在占上風、一下是形式占上風。因此在觀念中的美永遠是不可分割、獨一無二的，因為只能有一個唯一的平衡；在經驗中的美反而是永遠雙重的，因為在變動時，可以用雙重方式來打破平衡，不是從這一方，就是從另一方。

我在之前的信中[1]曾提到，而且從迄今為止所談的內容中也能以嚴格的必然性推出結論如下：美同時具有鬆弛和緊張作用。鬆弛作用是指要讓感性衝動或形式衝動都停留在各自的界線內；緊張作用是指要讓兩種衝動都保留其各自的力量。但根據觀念，美的這兩種作用完全只是唯一的作用。美產生鬆弛作用，是因為它使兩種天性一樣緊張起來；美產生緊張作用，是因為它使兩種天性一樣鬆弛下來。這一點從**相互作用**[2]的概念就可以推論出來，依據相互作用的概念，可以使這兩部分同時互為條件，並因而互相約束，其最純粹的產物就是美。但經驗無法提供一個這樣完美相互作用的例子，總是或多或少在某一方太具優勢而造成另一方缺乏，反之亦然。因此在理想的美（das Ideal-Schöne）之中，僅僅在想像中而進行區別的事物，在經驗的美之中就依據存在而確實不同。理想的美雖然是不可分割且單純的，但在不同的關係中

1 此處應是指作者在第十三封信中提及的感性衝動與形式衝動的對立關係，以及這兩者衝動因其作用而應恪守各自範圍的界線。

2 第十三封信曾提過，人格與狀態亦為相互概念之關係。

就會顯現出融和性的特質[3]或振奮性的特質[4]，在經驗中因此也就有了融和性的美（eine schmelzende Schönheit）和振奮性的美（eine energische Schönheit）。在受時間限制中的絕對，其情況是如此；在人性中理性觀念應該被實現的情況中也是如此；在所有情況中都是如此。所以反思者想到的是美德、真理和至樂；但行動者只是鍛煉美德、只是在理解真理、只是在享受幸福的日子。要把後一種人引導成為前一種人，便是以道德取代習俗、以認識替代知識、以內心至樂替代幸福生活，這些是自然的教育和道德教育的事務；而從不同的美中找出美，則是美學教育的任務。

振奮性的美不能防範人免於某些野蠻和冷酷，正如融和性的美不能保護人免於某種程度的懦弱和精疲力竭。因為振奮性的美的作用是讓人的性情無論在物質面或道德面都緊張，並增加其彈性，所以很容易看起來會成為秉性和性格的反抗削弱了對印象的感受性；使得柔軟的人性經歷了那原本只有粗野天性才會遇到的壓制；粗野天性也分享了原本只有自由的人格才應得到的力量。因此，在力量與豐富的時代中，我們發現想像的真正偉大是與宏大和冒險相伴，而存心的崇高則與最駭人的情感衝動為伍；因而在規則和形式的時代，我們會不時感到自然本性既受壓迫又受支配、既被超越又被凌辱。因為融和性的美的作用是使人的性情在道德面與物質面鬆弛，所以也容易遇到如下情況：感受的活力被欲望的暴力窒息；性格分擔了本來只有激情才會遇到的力量消耗；因此，在這個所謂的文明時代，並不難看到溫和變成懦弱、廣博變成膚淺、準確變得空洞、自由退化成任性、輕鬆變成輕浮、鎮定變成漠不關心，而最可鄙的諷刺畫與最莊嚴的人性並列。對於不是受物質就是受形式壓迫的人來說，融和性的美是一種需求；因為早在他們開始感受和諧與優美之前，就已受到偉大和力量觸動。對於置

3 席勒在第十五封信末已指出，美兼具同時使人達到最平靜與最激動的狀態。融化性的特質即指美使人平靜下來的特質。

4 指美使人激動振奮的特質。

身放縱趣味中的人而言，振奮性的美是一種需求；因為他太樂於在文明狀態中忽略他從野蠻狀態帶過來的力量。

我相信，判斷美的影響和評價審美文化時常常遇到的矛盾都已獲得解釋與回答。只要人們記得，在經驗中有一種雙重的美，且美的整體的這兩個部分[5]所宣稱的，都只是它們各自以獨特的方式所能證明的，那麼這個矛盾就已經得到說明了。只要人們區分出與雙重的美相應的人性之雙重需求，那麼這個矛盾就已被解決了。所以只要這兩個部分開始相互理解，它們在思想中是哪一種美和哪一種形式的人性，它們也就都有被保留的權利[6]。

因此，我從這條在審美上自然與人同行的路開始走上研究之路，也將這條路視為我的道路，並把美的種種類型提升到美的總體概念。我將檢驗融和性的美對緊張之人的作用和振奮性的美在鬆弛之人身上的作用，以便最後使這兩種對立的美，可以在理想的美之中成為一體；使人類的兩種對立形式在理想之人（der Idealmensch）身上成為一體。

5 振奮性的與融和性的部分。

6 在經驗中，美的融和性和振奮性特質互相對立，但在觀念中，這兩種特質相互關聯。

第十七封信

美的作用對象：人

倘若我們完全只從人類本性的觀念去推導美的一般觀念，那麼除了直接根植於人的天性本質，並且與有限的概念絕不可分的局限之外，就無須再去設想人的天性還會有什麼局限了。我們是直接從理性這一必然性的來源中創造出概念，因此無須擔心人的天性概念在真實的表現中可能承受的各種偶然限制，因而一旦有了人的理想，也就有了美的理想。

現在我們已經從觀念的領域來到現實的舞台，以便遇上在特定狀態下、在某些限制下的人，從而證明這些限制原來並非來自人的純粹概念，而是出自外在事態和偶然地使用人的自由而產生。雖然人性的觀念是以各式各樣的方式在人身上受到限制，但人性的純粹內容已經告訴我們：整體而言，只會有兩種對立、背離人性的偏頗[1]；也就是說，如果完善性[2]存在於感性力量和精神力量的協調活力之中，那麼人之所以失去這種完善性，若不是由於缺乏協調，就是缺乏活力。早在經驗證實之前，我們已經預先藉由純粹的理性確知，現實的人，即受限制的人，若不是處在緊張的狀態，就是處在鬆弛的狀態，隨著狀況不同，若不是因為個別力量的片面行動干擾了他本質的和諧，就是因為他本性的統一建立在其感性力量與精神力量的同樣鬆弛上。現在要證明的，就是這兩種對立的限制會因美而消除，美會復原緊張的人身上的和諧，復原鬆弛的人身上的活力，並根據其天性，以這樣的方式把受限制的

[1] 不是使感性力與精神力都緊張，就是使兩者都鬆弛。

[2] 使感性力與精神力都能達到平衡的活力狀態。

狀態帶回絕對的狀態，使人成為自身中完滿的整體。

因此，美在現實中絕不會否定我們以抽象推理的方式去形構它的概念[3]；只是美在現實中比在抽象推理中少了許多自由活動，因為在抽象推理中，我們可以把美運用於人性的純粹概念上。如經驗對人所示，美於人身上發現一種已經腐敗但又對抗著的材料[4]，這個材料從美那裡奪走的理想完善性，正如同它把自己的特性摻雜到美之中一樣多。因此美在現實中，處處都只能做為特殊的和受限的物種（Spezies），從未顯示為純粹的類屬（Gattung）[5]；美將在緊張的性情中放棄它的自由和多樣性，在鬆弛的性情中放棄其生氣勃勃的力量；但我們從現在開始要更熟悉美的真實性格，那麼它這種矛盾的現象就不會再令我們迷惑。要避免的是，採用評論家那一大堆從個別經驗去規定美的概念的作法，以及他們要美為人類受美影響而展現的缺陷負責的態度；相反地，我們知道，正是人把其個體的不完美轉嫁給美，是人以主體的限制不斷阻礙著美的完美無缺，並把美的絕對理想貶低為兩種受到限制的表現形式。

我曾說，融和性的美適合緊張的性情，而振奮性的美則適合鬆弛的性情。但不管是受感覺或概念強迫的人，我都稱為緊張的人。只要人的兩種基本衝動中的任一種處於支配地位，對人而言，那都是脅迫和暴力的狀態；自由只存在於人的兩種本性的合作間。那個片面受感覺支配的人，或說那個感性緊張的人，都會藉形式而得以紓解和自由；那個受法則片面支配的人，或說那個精神緊張的人，會透過物質而得以紓解和自由。為了滿足這雙重任務，融和性的美將會顯示兩種不同的型態：第一，它將作為平靜的形式，緩和野性生活，並開闢一條從感覺到思想的道路；第二，它將作為活生生的形象，以感官力量裝備抽象的形式，把概念帶回直觀上，把法則帶回感受上。融和性的美為

3 對經驗的美的認識並不否定理想的美在觀念中的存在。

4 在經驗中的美作用的對象是經驗的人，是受到種種限制的人。

5 顯示為理想的美。

自然的人提供第一種型態，為文明的人提供第二種型態。但因為在這兩種情況下，融和性的美都無法完全自由地運用其材料，而是依賴沒有形式的自然或是反自然的藝術所表現的狀態，因而融和性的美在這兩種情況中都仍帶著原來的痕跡；在第一種情況下，易於消失在質料生命中，在第二種情況下，易於消失在純粹的抽象形式中。

美為什麼是可以消除雙重緊張的方式？為了弄清楚這點，我們必須在人類的心靈中研究雙重緊張的起源。請您下定決心繼續在推論的領域中稍作停留，以便之後能永遠離開這個領域，並以更加堅定的步伐踏上經驗的領域。

第十八封信

美的作用：消解對立

感性之人透過（融和性的）美[1]被引往形式和思想上；精神之人透過（融和性的）美被帶回物質上，又再度被交回感性世界。

這裡似乎可以得出結論：在物質與形式之間、受動與行動之間，必定有一種中介的狀態，而美就是把我們放置在其中。其實只要開始反思美的作用，大部分人也都會形成美的概念，且所有經驗都可以證明這點。另一方面，沒有比這個概念更不合理與矛盾的了，因為在物

1 依據前一封信，此處探討的美應指融和性的美。

質與形式間、受動和行動間、感受和思考間的距離都是**無限**的，其中完全沒有可以傳達的事物。這種矛盾要如何解決？美聯繫著感覺與思想對立的狀態，在兩者之間也完全沒有中介。感覺的狀態透過經驗而確知，思想的狀態則直接透過理性而確定。

這就是所有關於美的問題的最終癥結，假若令人滿意地解決了這個問題，也就同時發現了貫穿整個美學迷宮的線索。

要解決這個問題將取決於兩種在研究中必須相輔相成但截然不同的方式。我們認為，美連結兩種從不曾合一的對立狀態。因此我們必須從這個對立出發：必須徹底、嚴格地理解和承認這種對立，以便能以最確切的方式區隔這兩種狀態；否則，我們會混淆而非統一它們。其次，美結合了那兩種對立狀態，因而揚棄了對立。因為這兩種狀態是永遠對立的，所以除了揚棄它們的對立，沒有其他方法能使它們結合[2]。因此，我們的第二項任務就是使這樣的結合達致完善，完整徹底地執行這樣的連結，使得這兩種狀態在第三種狀態[3]中完全消失，在整體中不留下任何得以追溯的分裂痕跡；否則，我們是在分裂而非統一它們。一切曾經存在於哲學世界中對美之概念的爭端（其中有部分現在仍然存在）皆源起於：若人不是從恰當的嚴格區分開始研究，就是讓研究沒有達到完全純粹的統一。這些哲學家中的某些人在反思對象時，盲目地信賴自己的感覺，因而無法得出任何美的概念，因為在感官印象整體中，沒有什麼是可以單獨加以區別的。而其他視理性為圭臬的哲學家也不曾得出美的概念，因為他們把美的整體看成僅僅是一個部分，即使精神和物質在其最完美的統一中，對他們來說也永遠是保持為分離的[4]。第一種哲學家擔心，當美必須與那些和感覺結合的事

2 對立的兩者沒有結合的可能，只有透過中介，才能夠使對立的兩者連結。這個連結使得原來的對立狀態不再存在，因而被稱為是揚棄了對立的狀態。

3 兩個對立的事物一開始是對立的狀態，後來經由中介產生聯繫，變成第二種狀態：揚棄對立。但席勒強調的第二項任務則是在對立、揚棄對立這兩種狀態之後，形成一個完整結合兩者的第三種狀態：統一性、一體性的狀態。

4 理性就是理性，感性就是感性，即便兩者可以共同運作，仍是兩個截然不同的事物，在邏輯推論中沒有兩個對立的事物能統一的可能性。

物分開時，美會在動力的狀態（即作用力）中被抽離；第二種哲學家則擔心，當美要與在理性中區分開來的事物再綜合時，美會在邏輯的狀態（即概念）中被抽離。前者想要依美所作用的那般去思考美；後者則想要美如它被思考的那般起作用。這兩種方式必定都會錯過真理：因為前者是用其受限的思想能力模仿無限的自然；後者則是依據其思想法則限制無限的自然。前者擔心，如此嚴格的分類會奪去美的自由；後者則擔心，過度大膽的結合會損害美的概念確切性。但前者沒有想到，他們竭盡所有賦予美的本質的自由，並非不受法則約束的，而是各種法則的和諧性；並非任意性，而是內在最高的必然性。後者沒有考慮到的是，他們竭盡所有要求的美的確切性，並非要排除實在，而是絕對地包含一切實在，因此它並非有限而是無限[5]。我們將會避開使這兩種人擱淺的礁石，倘若我們從美在理性面劃分出的兩種因素之一開始，隨後又升高到純粹的審美統一性，美就會藉由這種審美的統一性對感覺產生作用，那麼這兩種狀態就會完全在統一性中消失[6]。

5 席勒指美的概念的確切性在於這一概念要能涵蓋美的整體，而不是去確定個別事物的美。

6 原註：細心的讀者會注意到，我在此提出比較時，感覺論的美學家認為感覺的證據比理性的推理更為有效，因而根據事實，他們認為自己比對手更加接近真理，即使根據理智而言，他們是無法被接受的（譯註：指依據感覺的證據其實不比理性更被確切接受）；這種關係在自然與科學之間隨處可見。自然（感官）綜合一切，而知性則區分一切；但理性會再度加以綜合：因此，早在人開始哲學活動時，他就比尚未結束其研究的哲學家還更接近真理。因而可以說，只要哲學命題依據其結論是違反一般感覺的，那麼無須更進一步的驗證，這個哲學論題就可以視為錯的；同樣的，當一個哲學命題依照形式和方法與一般感覺立場相同時，人們也可以懷疑它。後者的說法可以安慰每一個無法如讀者所期待般，坐在火爐旁聊天、闡明一個哲學推論的著作者（譯註：例如笛卡兒及其沉思）。前者的說法可以讓每一個想要犧牲人類知性以建立一個新系統的著作者默聲。

第十九封信

美的作用：自由活動

總的來說，在人之中可以區分出**被動和主動的可規定性**（Bestimmbarkeit）兩種不同的狀態，同樣的也有**被動和主動的規定**（Bestimmung）兩種不同的狀態。闡明這個命題將是帶領我們抵達目標的捷徑。

在感官印象給予人規定之前，人類精神狀態是一種無界限的可規定性。無止盡的空間和時間獻給人的想像力作為自由運用，因為按此前提——在可能性事物的廣闊領域中，沒有安置任何固定的事物，因而也就沒有任何事物需要被排除——所以這種無規定性狀態可以稱為**空的無限性**（leere Unendlichkeit），但不能將之與無限的空（Unendlichen

Leere）相提並論[1]。

感官受到了觸動，便從各種無限可能的規定性中，保留了唯一的現實性，於是在人身上產生了表象。在前一種純粹可規定性的狀態中，凡是在那狀態中作為空的能力而存在的事物[2]，現在成為一種作用力，並取得內容；但它作為作用力的同時也保留了界線，因為純粹的能力沒有界線。因此有了實在性，卻失去無限性。**為了描述在空間中的形體，必須給無限的空間設定範圍；為了表達時間中的變化，必須把時間整體分割成部分**。所以只有透過限制，才能成功地獲得實在；只有透過否定或排除才能達到肯定或現實的規定[3]；只有透過揚棄自由的可規定性才能達到規定。

1 空的無限性是指尚不固定的、無窮的可能性；無限的空，是無、沒有東西存在。

2 空的無限性接受了事物成為其內容。

3 邏輯上的推論，要獲得某物，只有排除某物的否定；要得到A，只有排除非A。

假如不存在某些可以排除的事物、假如不以精神的絕對活動使否定與肯定產生關係，並從不確定中產生對立[4]的話，那麼純粹的排除永遠也無法產生實在、純粹的感官感覺永遠無法變化成表象；我們稱這種心靈的活動為**判斷或思維**，而這種心靈活動的結果稱為**思想**。

對我們來說，在空間中確立一個位置之前，根本沒有空間；但倘若沒有絕對空間，也無法規定一個位置。對時間而言同理，對我們來說，在還沒有瞬間的時間之前，根本沒有時間；但沒有永恆的時間，也無法有瞬間時間的表象。我們當然只有透過部分才能達到整體，只有透過邊界才能觸及無邊界；但我們也只有透過整體才能達到部分，只有透過無邊界才能觸及邊界。

倘若要宣稱美為人類開闢了一條從感覺到思想的路徑，那麼絕對不能如下述般理解：好像透過美就可以弭平從感覺到思想、受動到行動的鴻溝；這道鴻溝是無盡的，若沒有一種獨立的新能力當中介的話，從個別中永遠不可能產生普遍，從偶然中不可能產生必然。思想是這絕對能力的直接行動，雖然這絕對能力必須藉由感覺發動而外顯，但其外顯本身並不仰賴感性，而是透過與感性的對立而表現。絕對能力的獨立性排除每一個外來的影響；而美可以是一種手段，不是因為美有益於思想（那些包含顯而易見矛盾的思想），而是因為美讓思想力獲得自由，使其能按照自身的法則而外顯[5]，引領人從物質走向形式、從感覺走向法則、從受限的存在走向絕對的存在。

但這裡有個前提，即思想力的自由是可能受到阻礙的，不過這一點似乎又與獨立能力的概念相衝突。如果這一種能力，只能從外界接受其作用的材料，那麼就也只能消極地（即抽離其材料）妨礙其作用，也就是當人們賦予感覺的熱情一種可以積極壓抑心靈自由的力量時，那就是沒有認清精神的本性。雖然經驗可以舉出大量例證說明，感性

4 沒有對立就沒有排除，若沒有A與非A的對立，就沒有排除A或非A的要求。

5 延續前述，按照思想（心靈的活動結果）而顯現自由。

力量激烈地活動時，理性力量似乎也受到同樣的壓抑；但是不應該從情感激動的強烈去推導出精神的軟弱，反而應該從精神的軟弱去解釋情感激動的過度強烈；因為除非感性自願停止不再作為一種支配力，否則感性是不可能對人構成一種力量的。

試著以上述的解釋反駁異議時，我彷彿也讓自己陷入另一個異議：心靈的獨立性只能犧牲其統一性而獲得拯救。若心靈本身不是分裂的、不是對立的，那麼心靈如何同時從自身獲得非動性（Nichttätigkeit）和行動性（Tätigkeit）[6]的基礎？

在此，我們必須想到，我們面臨的是有限的、而非無限的精神。有限的精神是那一個只有透過承受[7]才能變成行動、只有透過限制才能達到絕對，只有在它接受材料時才能行動和構成的精神。因此，這種有限精神，是要把要求形式或絕對的衝動與要求以物質或限制的衝動而加以連結的，假若沒有這種連結作為條件，精神就不可能有第一種衝動，也無法滿足第一種衝動。雖然在同一個實體中，這樣兩種對立傾向的並存，會讓形上學家感到困擾，但對先驗哲學家並非如此。先驗哲學家絕不會假裝他可以說明事物的可能性，而是滿足於確定知識，從而掌握經驗的可能性。沒有心靈中的那些對立就沒有經驗；沒有心靈中絕對的統一性也同樣不會有經驗。所以先驗哲學家完全有權把這兩種概念都視為經驗的必要條件，而無須進一步去擔憂它們是否可以結合。另外，只要能區分精神和兩種基本衝動，那麼這兩種衝動的存在便不會與精神的絕對統一性互相矛盾。這兩種衝動雖然存在於精神之中且對精神起作用，但精神本身既非物質也非形式、既非感官也非理性，只有那些似乎總是無法顧及這點的人，會在精神活動能與理性協調一致時，才讓人類精神自主行動；倘若遇到精神活動與理性相矛盾時，就把精神解釋為被動的[8]。

6 非動性指感覺功能，行動性指思想活動。

7 通過感覺的承受（被動接收）才能夠變成思想（行動）。

8 只有當理性可以解釋精神活動（結合對立的活動）時，才承認它的存在，否則便將它視為一種可以忽略的現象。

兩種基本衝動的任一種只要得到發展，都會按其本性必然地追求滿足；但正因為兩者都是必然的，且兩者追求的對象是對立的，所以這雙重的強制就被消除了[9]，意志在兩者之間保留了完整的自由。因此，意志（作為現實的根據）對於兩種衝動而言都是一種力量，但這兩種衝動中的任一種都無法以自身力量去對抗另一種。一個暴力之人不會因為有積極行正義之事的動力——他絕不會缺乏這種動力，就不去做不公義的事情；一個強大勇敢的人即使面對可以縱情享受的強烈誘惑，也不會破壞他自己的原則。在人身上，除了他的意志，沒有其他力量[10]，只有使人消亡的事物，如死亡或喪失意志，才可能使人失去內在的自由。

在我們之外的必然性藉由感官感覺規定了我們的狀態，規定了我們在時間中的存在。這完全不是任意的，我們如何受影響，就得如何承受。同樣的，在我們身上的必然性之所以展現了我們的人格，也是因為感官感覺的發動，以及藉由與感官感覺的對立而展現；因為自我意識無法依賴意志，而意志是以自我意識為前提。人格的原初展現並不是我們的功勞，原初展現的缺乏也不是我們的錯誤。只有對那種**意識到自我的人**才能要求理性，也就是，要求意識的絕對一致和普遍性；而在此之前，他還不是人，不能期待他會有人性的行為。形上學家很難解釋自由和獨立的精神由於感覺所受到的限制；物理學者則很難理解由於在人格中受限而促動的無限性。不論是抽象或經驗，都不會把我們帶回到普遍性和必然性概念的源頭；觀察家沒有意識到這些概念在時間中的最初現象，而形上學研究者則沒有看出它們的超感性根源。但只要有了自我意識和意識那永不改變的統一性，就足夠替為了人而存在和透過人而形成的事物、為人類的知識和行動而設立一個統一的法則，真理和合理性的概念早在感性時期就已經不可避免、無法偽造

9 如第十三封信所談的，形式衝動與感性衝動各自有各自的分際，雖對立但不應互相干涉。

10 意志是可以自由選擇，且使被選擇的對象實現。因而不受感性、理性影響，只有當人不存在了（死亡）或喪失意志才會停止意志的自由。

地、難以理解地表現出來，人們無須知道如何說明它從何及如何產生，就已經在時間中看到永恆，在偶然的結果中看到必然。感覺和自我意識就是這樣產生的，完全不需要主體的作為，兩者的起源都同樣立基於我們的意志和我們的認識範圍之彼岸[11]。

但倘若感覺和自我意識都是真實的，人經由經驗而有了對特定存在的經驗；透過自我意識取得了對絕對存在的經驗，因而他的兩種基本衝動也會隨著其對象變得活躍起來。感性衝動因生活經驗（即個體性的開始）而甦醒，理性衝動因法則的經驗（即人格性的開始）而甦醒，只有在兩者都獲得存在後，人性才建構完成。直到人性建構好之前，在人身上的一切都是遵循必然性的法則；但現在，人已脫離了自然的掌握，維持自然在人身上所設置和開啟的人性，就成為人自己的事情了。只要兩種對立的基本衝動在人身上活動著，那麼這兩種衝動就失去了其強制性，而這兩種必然性的對立中便產生了自由的來源[12]。

11 喻感覺與自我意識原本便存於我們的天性之中。

12 原註：為了避免引起各種誤解，我必須說明，這裡提及的自由，並非指作為智性的人所必然擁有、既無法被賦予也無法被取走的自由，而是指那種建立在人混合的本性（譯註：指人的對立本性：如知性與感性。）之上的自由。因此總的來說，人只按理性行事，這證明他有第一種自由；在材料的限制中理性地行事和在理性的法則下物質地行事，證明了他有第二種自由。我們可以把後者完全理解為前者的一種自然可能性。

第二十封信

審美狀態的產生：自由心境

從自由的概念本身就可以得知，自由是不能受支配的，但自由本身也是自然的作用（要從最廣義去理解自然這個詞），而非人的作品，因此自由也能藉自然的手段來加以促進或抑制，這是前文所述而得出的必然結論。當人是完整的、並且發展了兩種基本衝動時，他才開始有自由；相反地，只要人是不完整的或他的兩個衝動之一被排除了，那麼他便失去自由；必須把人的完整性重新歸返給人，才能再度恢復自由。

無論在整體或在個別的人之中，都有那樣的一刻：人還不是完全的，且人的兩種衝動僅有其一在他身上起作用。我們知道，人從單純的生命開始，終止於形式，**在他成為一個人格之前，先是一個個體**，他是從限制開始走向無限的。因此，感性衝動比理性衝動更早發揮作用，因為感覺先於意識，於是我們得在感性衝動優先的過程之中，察覺人類自由的整個脈絡。

也的確有這樣的一刻：因為形式衝動尚未抑制生命衝動，所以生命衝動就作為自然和必然性而行動；那時因為人尚未開始成為人、在人身上除了意志尚未被賦予其他力量，所以感性成為一種力量。但現在人必須跨越到思想狀態，而在思想狀態中，理性反過來又變成一種力量，邏輯和道德的必然性替代了自然的必然性。因而，在法則尚未提升到這個程度之前，必須先消除感覺力量的支配；也就是說，讓那些尚未存在的事物開始存在是不夠的，還必須先讓那些已經存在的事物終止存在。人無法直接從感覺過渡到思想；他必須退一步，因為只有當一種規定被消除了，與其對立的規則才能出現。因此，他必須把受動調整成主動，把被動的規定換成主動的規定，擺脫一切規定，經歷純粹可規定性的狀態[1]。因此，他必須以某種方式回到純粹無規定性的否定狀態。在還沒有事物給他的感官留下印象之前，他就處於那種狀態。但當時的那個狀態完全空無內容，關鍵在於，將一個同樣的無規定性和一個同樣的無限可規定性與一個最大可能的內容相互結合，因為從這個狀態可以直接得出某些肯定的事物。藉由感官所接受的規定必須加以牢牢掌握，因為他不能失去實在性；同時，只要這種規定還是一種限制就必須予以消除，因為必須有一種不受限制的可規定性。因此，這個任務是要同時消除和保持狀態的規定，而這點只有讓一個規定與另一個規定對立才可能做到。當天秤的兩個秤盤都空著的時候，會保持平衡；但兩個秤盤都放著同樣重量的東西時，它們也會保持平衡。

所以，心靈從感覺過渡到思想要經過一個中間心境（eine mitrlere Stimmung）[2]，感覺和理性都在中間心境中同時活動著，正因為如此，它們互起規定作用的力量也會相互抵消，並且因對立而產生否定。在中間心境中，心靈既不受物質、也不受道德強制，不過仍然是以這兩種方式活動著，因此值得特別稱之為自由心境（eine freie Stimmung）。

當人把感性規定的狀態稱為自然的狀態，把理性規定的狀態稱為邏輯的和道德狀態，那麼他也必須把實在和主動的可規定性狀態稱為審美狀態（ästhetischer Zustand）[3]。

1 指前一封信所提及的「空的無限性」：「無止盡的空間和時間獻給人的想像力作為自由運用，在可能性事物的廣闊領域中，沒有安置任何固定的事物，因而也就沒有任何事物需要被排除。」

2 依據第十八封信的論證「對立—揚棄對立—統一」：在對立的兩者之間必有一中介，這一中介首先是聯繫兩者，席勒在這封信稱之為中間心境，之後再消解對立，席勒稱之為自由心境，最終再形成統一性的狀態，這裡稱為審美狀態，之後的信件中席勒也仍稱之為審美心境。

3 原註：因為不了解審美狀態這個詞的意義而濫用它，造成其純粹意義不為某些讀者熟悉，因而我想提供以下說明。所有在現象中無論如何都能夠顯現的事物皆可設想處於四種不同的關係：一種是事情直接與我們的感性狀態（我們的存在和幸福）有關，這是其物質特性；亦或它與知性有關且使我們獲得知識，這是其邏輯特性；或它與我們的意志有關，且被視為理性存有者選擇的對象，這是其道德特性；最後，它與我們不同力量的整體有關，不是其中任一種力量的特定對象，這是其審美特性。一個人可以由於其勤勉而令人感到愉快；也可能因為他的閒談而啟發我們思考；也可能因為他的個性而使我們尊敬他；最後，也可能與所有原因都無關，僅僅是因為在評斷他時，既不用依據某些法則也不用某些目的，只是在純粹的觀察中，純粹以他各種表現來關心他。在最後的這種情況下，我們便是對他做審美的評斷。因此有健康的教育、有審視的教育、有道德的教育、品味的教育和美的教育。

最後這一種教育的目的在於，在盡可能和諧的狀態中培養我們的整體感官力量和精神力量。因為當人們受到虛假的趣味引誘，以虛假的論證更加鞏固謬誤時，他們很樂意把任意的概念置入審美概念中，所以我在這裡必須不厭其煩地加以說明（儘管這些討論美學教育的書信除了反駁這種謬誤，並未提及其他）：在審美狀態中的心靈雖然擺脫了所有強迫、擁有最高程度的自由，但它不可能擺脫法則行動，審美的自由因此與思想中的邏輯必然性和意願（Wollen）中的道德必然性有所區別；根據心靈所遵循的那個法則並不被表象出來，因為法則沒有遇到對抗，因而也沒有作為強制而出現。

第二十一封信

美即是人的本性

如同我在前一封信開頭所提到的，有雙重的可規定性狀態和雙重的規定性狀態[1]。現在我可以來說明此一命題了。

心靈是可規定的，只要它根本不被規定；但只要心靈不是排他性的被規定，亦即在它被規定時不受到限制，那麼它也是可規定的。前者是純粹的無規定性（它沒有限制，因為它沒有實在性）；後者是審美的可規定性（它沒有限制，因為它統合了所有實在性）。

1 雙重指主動與被動。

心靈是被規定的，只要它總的來說只受到限制；但只要心靈從自身的絕對能力出發自我限制，那麼它也是被規定的。當心靈感覺時，它處於第一種狀況；當心靈思考時，它處於第二種狀況。所以，思維之於規定性正如審美狀態之於可規定性：前者是從內在無盡的力量所形成的限制，後者是來自內在無窮的內容所引起的否定[2]。如同感覺和思維只在唯一的點上相互接觸：心靈在雙重狀態中都是被限定的，人是排他的——若不是個人，就是人格，除此之外，感覺和思維都是趨向無限地彼此疏遠[3]；審美的可規定性與純粹無規定性也只在唯一的點上相同：兩者都排除任何被規定的存在，但在其他點上，兩者猶如「無」與「一切」一樣，是永遠的截然不同。倘若後者——即沒有內容的無規定性——可以被設想為空的無限，那麼其對立面——即審美的規定自由——就可以被視為充實的無限；這種觀點和我們前面的研究確實吻合。

只要人們注意到個別的結果而非整體的能力，且考慮到在人身上沒有任何特別的規定，就會明白人在審美狀態中就是**不存在**。因此，人必須認同那些人是有道理的，他們認為，美使我們的心靈所達致的那種心境（Stimmung），對知識和存心完全無關緊要且毫無助益。他們完全正確：因為不論在知性或意志上，美完全不提供個別結果，實現不了智性和道德的目標；美發現不了真理，完全無助於我們實現任何義務。總而言之，美不擅長建立性格[4]和啟蒙思想。透過審美的修養，人的人格價值和其尊嚴仍完全是未受規定的，只要這種價值與尊嚴仍然取決於人而存在；除了讓人從本性、從自己出發完成人所願的事——把自由完全歸還給人、使人成為他應當成為的，美什麼也無法完成。

但也因此而達到了某些無限。只要想到，人在感覺時，因為自然

2 思維的成果是形成規則，所以是限制，而審美狀態的成果則是否定所有結果。

3 感覺與思考是對立的兩種能力：人在感覺時，是作為一個人；而在思考時，則是作為一種人格。

4 建立性格指培養德行。

的片面強制而遭剝奪的自由，以及人在思維時，因為理性的排他性法則而遭掠奪的自由，我們就必須把在審美情緒中又還給人的能力[5]視為最高貴的贈禮，也就是將之視為人性的贈禮[6]。當然，依天賦而言[7]，在進入任何確定狀態之前，人就已具備了人性；但就事實而言[8]，隨著進入任何被規定的狀態，他也失去了人性。假若人想要過渡到另一種相反的狀態，就必須透過審美的生活重新將人性歸還予他[9]。

倘若將美視為我們的第二創造者，不只從詩意上是可行的，從哲學上來看也是正確的。因為美是否可能使我們具有人性，端看我們的自由意志實際想實現人性到哪種程度，美在這一點上與我們原來的創造者——自然——是相一致的，自然同樣也只給予我們人性的能力，但運用人性的能力則在於我們意志的決策。

5 指自由。

6 感覺會受自然強迫而不自由，思維會受理性約束而不自由，但在審美心境中，感覺和思維（感性衝動與理性衝動）會同時活動並因其對立而互相抵銷，所以心靈便就不再受到約束，而這種在審美心境中感受到的自由才是席勒認為的人性。

7 與生俱來的特質。

8 依據現實狀況來看。

9 原註：雖然有些性格可以迅速從感覺過渡到思維再過渡到決斷，卻幾乎或完全無法察覺到在這段時間內必定要經歷的審美心境。這種心靈的人無法承受太久無規定性的狀態，且會急切地要求在審美的無限狀態中找不到的結果。與此相反的是，有些人把享受放在整體能力的感覺上，而非放在同樣的整體能力的個別行動上，審美狀態在這種人身上就會擴展得更廣泛。前一種人害怕空虛，後一種人無法忍受限制。幾乎不用提醒，假如把這樣的能力與實在性結合的話，前一種人就是為細節和無創見的事物而生，後一種人則是為整體和扮演重要角色而生。

第二十二封信

審美自由的效應

假若心靈的審美心境（ästhetische Stimmung）處於人的注意力只在個別和特定作用的情況下，就必須被視為不存在；那麼在另一種情況下，只要人們注意到不存在任何限制，所有共同活動的力量是總和的，則必須視之為一種最高的實在性狀態。所以，不能說那些認為審美狀態在知識和道德方面的成果是最豐碩的人不對。他們之所以完全正確，是因為一種性情的心境（Gemüütsstimmung）會把人性整體納入其中，就其能力而言，任何一個人性整體的外在（Äußerung）也得必然地被涵蓋在其中；一種從人類天性整體中移除一切限制的性情心境[1]，必然也會從任何一種天性的外顯中剔除一切限制。正因為性情心境並非單單只保護人性的任一種個別功能，所以它對哪一種功能的益處都毫無差別，而且因為它是一切功能的可能性基礎，所以它也沒有特別偏愛哪一種功能。其他訓練都給心靈某些特別的本領，但也為它設下一道特別的界線；只有審美的訓練帶領心靈到不受限制的境界。我們可以進入的每一種狀態，都指引我們回到前一種狀態，且需要它才能到達下一種狀態；只有審美的狀態自身是一個整體，它在自身中整合了它的起源和得以延續的所有條件。只有在審美狀態中，我們才能單獨感受到自己處於時間之外，我們的人性以純粹性和整合性表現，彷彿它還沒有受到外在力量影響所致的損害。

凡是讓我們的感官在直接的感受中感到舒適的事物[2]，都為我們柔軟和靈巧的心靈留下了印象，但也使我們某種程度上不再努力奮鬥。

[1] Gemüt 有性情、心靈、心緒等意義，也泛指人。

[2] 感官僅是被動的接受印象，這種被動接收被形容為使我們感到舒適的事物。

凡是使我們思維緊張起來並讓它受邀到抽象概念中的事物，都能增強我們精神的各種抵抗力，但同樣也會使我們的精神變得嚴苛，奪去我們的感受性，以便能獲取更大的自主性。但正因為如此，無論是感官或思維，最後必然都會精疲力竭，因為材料無法長久缺少形構力，形構力也無法長久缺少適合被形構的質料。相反的，假若我們投身真正的美的享受，那麼在這一瞬間，我們就是自己的承受力和活動力的主宰，同樣也可以輕易地使自己趨向嚴肅和遊戲、靜止和運動、順從與抵抗、抽象思考和直觀[3]。

精神的高尚寧靜和自由，若與力量及生氣蓬勃相結合，就是心境（Stimmung），真正的藝術作品將在這種心境中讓我們得以釋放，而心境也正是檢驗真正的審美品質的試金石。假如在這種享受之後，我們發現自己更偏好某些特別的感覺或行動方式，而對另一種感到不順心與厭煩，那就確實證明了我們尚未經驗到純粹的審美作用：可能是由於對象、由於我們的感覺方式，或者兩者皆是（幾乎總是這樣）的關係。

但因為在現實中也不會遇見純粹的審美作用（因為人從未能擺脫對各種力量的依賴），所以一部卓越的藝術作品只是盡可能接近那種純粹的審美理想。即使人可能把純粹的審美理念提升為審美自由，但我們也總是會在某種特別的心境中，以一種獨特的方式偏離這種理想。所以藉由一種特定的藝術，以及這門特定藝術中的特定作品所給予心靈的那種心境越是普遍、給予心靈的那種傾向越不受限制，那麼這種特定藝術就越高貴、這部作品就越傑出。我們可以試著用不同類型藝術作品和同一種藝術的不同作品來說明：聽完一段悅耳的音樂，我們的感覺就活潑了起來；唸完一首優美的詩，我們的想像力就活躍了起來；看過一座美麗的雕像或建築，我們的知性就甦醒了過來。想邀請我們在享受崇高的音樂之後就直接進行抽象思考的人、想讓我們

3 承受力與活動力、嚴肅與遊戲、靜止與運動、順從與抵抗、抽象思考與直觀這幾組特質，都對照著感官與思維給我們的作用。在美的享受中，我們是在感官與思維的共同運作中活動著的，而不是偏向任一方的作用。

在享受過高尚的詩歌之後直接處理例行公事的人、想讓我們在觀賞美麗畫作和雕像之後直接激發我們的想像力並觸動我們感覺的人，他就是沒有挑對時間。原因在於：精神內涵最豐富的音樂，也會因為其材料和感官的親近程度，而比真正的審美自由容許的自由還多；最成功的詩作所擁有的想像（即其媒介）的隨心所欲和偶然的遊戲，也比真正美的內在必然性所許可的還多；最常見的也許是最傑出的雕像，也會由於其概念的規定性而更為接近嚴肅的科學。[4]然而這種特別的關係會在這三種藝術達致更高水平時消失，這些不同的藝術對心靈的影響會越來越相似，但並不需要改動它們的客觀範圍，這就是它們達到完善時會有的一個必然又自然的結果[5]。音樂在其最高度淨化中必定會成為形象[6]，且用古典靜謐的力量影響我們；美術在它最高度完美中必定會變得像音樂般，以直接的感性於當下打動我們；詩歌在其最完滿的培養中必定會如音樂般強烈撼動我們，但又像雕像般以寧靜的光輝縈繞著我們[7]。每一種藝術的完美風格都正好展現在它消除了藝術特有的限制，且無須因而失去它獨特的優點，能夠智慧地運用這種藝術的獨特性，而使這種藝術擁有一種更為普遍的性格。

不過藝術家必須處理且克服的，不只是那些藝術所帶來的特殊限制，還有他所加工的特別材料的限制。在真正的美的藝術作品中，內容應該是不重要的，形式才是一切；因為單單透過形式就會對人的整體發生作用，相反地，如果透過內容，只會對個體產生力量。不管內容多麼崇高（erhaben）和廣闊，它隨時都會對精神產生限制，只有從

4 形容不同藝術作品由於現實的限制：如感官、想像、概念的規定性等個別事物，比起審美自由更容易引發我們對這些事物的個別反應（心境），而使我們不能自由地在不同心境中轉換的原因。

5 最完美的藝術對心靈的影響會跨越感官限制，不會單單在聽覺、視覺、觸覺、知性概念等的任一面上產生影響，而是整體、全面的觸動我們。

6 超越聽覺的限制而彷彿在視覺上也具體化、形象化。

7 最完美的音樂、詩歌都不只在聽覺上給予我們感受，而是能跨越感官限制（如視覺、概念的）給予我們整體的享受。席勒總結如下：「每一種藝術的完美風格都正好展現在它消除了藝術特有的限制，並且不須因而失去其獨特優點。」

形式才能期待得到真正的審美自由。因而大師的真正藝術祕密就是：他會藉由形式消滅質料；材料本身越是動人、難以駕馭和誘人，材料就越能恣意地以其影響力表現自己，或是觀眾就越樂於直接和材料互動，那麼這種克服材料並控制觀賞者的藝術就越成功。但觀眾和聽眾的心靈必須保持完全自由和不受侵犯，必須在走出藝術家的魔法圈後，仍然如同出自創造者之手那般的純潔和完善。對最輕率的對象，我們也必須保持興致，把它直接過渡到最嚴格的嚴肅[8]。對最嚴肅的材料，我們也必須能夠把對象直接調換成最輕鬆的遊戲。激情的藝術如悲劇也不例外。首先，這不是完全自由的藝術，因為藝術為特別的目標（如悲壯）服務；其次，任何真正的藝術行家都不會否認，即使對這一類作品也一樣：越能在激情的最大狂潮中保護心靈自由的藝術就越完滿。的確有激情的美的藝術，但一種美的激情的藝術是矛盾的，因為美的一個不可避免的結果就是擺脫激情而擁有自由。同樣矛盾的還有美的教導概念（教育的）或勸善的概念（道德的），因為絕不會有比提供心靈一種特定傾向而更與美的概念相互衝突的了。

假若作品只是藉由其內容產生影響，並不一定就證實這是一部沒有形式的作品；往往可能只是證明了判斷者缺乏對形式的認識。判斷者若非太緊張就是太鬆弛，他慣於只用知性或只用感官去感受作品，因此他也只會在最成功的整體中專注於部分，在最美的形式中只專注材料。由於這樣的判斷者只能接收未經加工的元素，於是在享受作品之前，他必須先摧毀作品的審美有機體[9]，仔細挖掘大師用無限的藝術使之消融在整體和諧中的個別事物。他的興趣只在道德面或物質面，偏偏不在應該在的審美面。這樣的讀者享受嚴肅和悲壯的詩歌時，就如同在聽佈道；他們在享受質樸或戲謔的詩歌時，就像在品嘗醉人的酒；他們對悲劇和史詩毫無品味，即使是描寫救世主的作品，他們也

8 最嚴格的嚴肅指嚴肅本身。

9 席勒形容一部偉大的作品如同一部機體般，是整體的和諧運作，而觀賞者也應該關注整體的運作，而非一直想要拆解或組合其中的零件。

要求得到教化，那麼他們對阿那克里翁或卡圖魯斯風格[10]的詩作，肯定也只會憤懣難平。

[10] 阿那克里翁（Anakreon，西元前五二〇～西元前四八五）為希臘著名詩人；卡圖魯斯（Catullus，約西元前八七～西元前五四）則是羅馬帝國晚期的拉丁詩詩人。兩者的詩作都以描寫感官享受、愛情和飲酒等為主。

仍然是我們達到理解和存心的必要條件。總而言之，要使感性之人變得理性別無他途，只有先使他成為審美的人。

但也許您會提出異議說，這個中介是完全不可或缺的嗎？真理和義務難道不也該只因為自己並透過自己本身而在感性之人那裡找到入口嗎？我必須這樣回答：真理和義務不僅可以而且應當完全是由於自身而擁有規定的力量，倘若有人認為我之前的論斷是維護相反看法的，那麼再也沒有比這與我之前的論斷更矛盾的了。因為這個主張已經明確獲得證明：美不提供知性和意志任何結果，不干預思維和決斷，美只是賦予這兩者能力，但完全不規定如何實際運用。在這些情況裡不需要一切外來的幫助，純粹邏輯的形式（即概念）必須直接訴諸知性；純粹道德的形式（即法則）則直接訴諸意志。

但美完全能做到這一點，提供感性之人一種純粹的形式[4]，我也主張這一點必得透過心靈的審美心境才能完成。真理不是如現實或事物的感性存在般可以從外在接收；真理是產自思維自主和自由，這種自主和自由正是我們無法在感性之人身上察覺到的。感性之人已經（在物質面）受到規定，因此不再有自由的可規定性：在人可以把被動的規定換成主動的規定之前，他必須先取回這種已喪失的可規定性。但人要取回已喪失的可規定性，只能先失去他既有的被動規定，或在自身中就包含那種他應當向之轉化的主動規定[5]。假如他失去的只是被動的規定，同時他也就失去了一種主動規定的可能性，因為思維需要身體（Körper），形式只有憑藉材料才能變得真實。因此他本身已經包含了主動規定，同時也既被動又主動地被規定著，也就是說，他必定會成為審美之人。

3 指美並不能為我們的知識和道德提供什麼內容，參見第二十一封信：「美不擅長建立性格和啟蒙思想。透過審美的修養，人的人格價值和其尊嚴仍完全是未受規定的……」。

4 指感性的人（被動、受規定者）要成為理性的人（主動、規定者）之前，必先成為審美之人，即先變得自由（將被動狀態轉化為主動狀態的過程）。

5 指人本身就具有可規定性狀態。

因此，理性的自主性一定會由於審美的性情心境而在感性領域上展現出來，感覺的力量在其自身範圍中一定會被打破，自然之人已經如此地受到淨化：從現在開始，自然之人只需要依據自由的法則，就能發展成為精神之人。因此，從審美狀態到邏輯的和道德的狀態（即從美到真理的到道德義務），比起從自然狀態到審美狀態（即從純粹盲目的生命到形式）容易了許多。前一個步驟，人可以藉由其純粹的自由而實現，因為他只要接受而不用給予，只要分化其本性而不須擴展它；有審美心境的人，只要他願意，就能普遍有效地判斷和行動。從質樸的物質走向美的這個步驟中，在人身上應該啟動一個全新的活動；自然會使他在這一步驟上輕鬆一點。他的意志無法控制心境，因為甚至是心境才使意志存在。為了使審美之人具有理智和偉大的存心，只要給予他一個重要的機會就行了；為了使感官之人保有理智和存心，就得先改變他的本性。在前一種狀況下，為了使人成為英雄和智者，只需要有一個崇高的境遇（它能最直接地影響意志力）；後一種情況，則必須先把人置換到另一個天幕下。

因此，這是文化的重要任務，使人在其純粹的物質生命中也受形式的支配，使人得以在美的王國中永遠成為審美之人，因為道德的狀態只能從審美狀態而非自然狀態中發展而來。倘若人想要在任何個別情況下都具備這種使自己的判斷和意志成為整體人類判斷的能力，他就要在有限的存在中找到能通往無限存在的通道，從依附的狀態中往自主和自由展翅高飛，於是他必須無時無刻都不只是個體，不只效命於自然法則。如果人想要能夠與完成把自己從自然目的的狹隘範圍提升到理性目的，那麼他必須在自然目的的範圍之內早就為適應理性目的而進行練習，並且必須已經以一種特定的精神自由——亦即根據美的法則——去實現他的自然規定。

這是人可以完成的，也完全不與他的自然目的相違背。自然對人的要求只在於他產生什麼作用，亦即其行動的內容；對於他如何做，即行動的形式，自然目的則沒有規定。理性的要求卻相反，它嚴格聚焦於人類活動的形式。如此一來，對道德規定來說，人必須是純粹道德性的、人必須能表現出絕對的自主性。但人是否是純粹物質的、是否被動地行動，對人的自然規定而言無關緊要。就自然規定來說，人是否想要把自然規定當成感性本質和作為自然力量（即隨著他如何承受就如何作用之力）來完成，或是同時把自然規定作為絕對力量和理性本質而完成，完全取決於人的意願，且不會出現兩者哪一種更符合人的尊嚴這樣的問題。更確切的說，只有人從感性動機出發去做純粹義務的動機所規定的事情，才會使他感到如此屈辱和卑微；同樣地，一般人在滿足自己合法的要求時也追求合法則性[6]、和諧和無限，這才會使他變得高尚又尊貴。[7]簡言之，在真理和道德的領域，感覺不允許去規定任何事物；但在幸福的領域，形式可以存在且遊戲衝動可以有掌控權。

因此，人必須在自然生命這個無關緊要的領域中，開始其道德生命；在人的受動狀態中，他也必須開始其自主性；在他的感性限制範圍中，開始其理性自由。人必須把意志法則加到他的愛好上；如果您允許我這麼說的話：人也必須在物質的領域中與物質相抗衡，使人得以免於在自由的崇高領地上與最可怕的敵人[8]戰鬥；人也必須學會更高

6 合乎原則而不受感覺意志影響的推斷。

7 原註：這種在日常現實所做的精神豐富和審美自由的處理，無論在哪裡都是高尚心靈的標誌。那種具有稟賦的心靈也全然可以稱之為高尚的，即使是最受限的事物和最渺小的對象，透過這種處理方式也能變化成無限。一種形式，根據其本性而為其他事物效力（即純粹的手段）也能壓印出自主的印記，也可以稱之為高尚的。高尚的精神並不會滿足於自己是自由的；它會看見在自己身旁的其他事物，包括沒有生命的事物，也有自由。但美是自由在現象中唯一可能的表達。在神情上、在作品中和這一類凸出知性的表現（譯註：指特別強調表現出知性一面的作品）之事物，就不會是高尚的，也從不會是美的，因為這種表達是凸顯而非隱藏依賴（這種依賴是無法和合目的性〔Zweckmäßigkeit〕分開的）。（譯註：合目的性在此指合於主體認知的目的。過於強調知性的作品不是審美，因為它們依賴主體的認識要求。）

道德哲學家教導我們：人可以做的事情絕對不能比其義務更多。假若他指的只是行動在道德法則面的關係，這是有道理的。但如果只是與目的有關的行動，且要超出目的的走向超感性的領域（譯註：指從認識目的走向審美判斷）時（在此不可能是別的事物，只能是物質性的事物以審美的方式被實現），同時也就超出了義務的範圍，因此義務只能寫下囑咐、說明意志是神聖的，卻不能說自然也被神聖化了。因此從道德面來看，義務是不能超越的，但從審美面來看，義務是可以被超越的，而這樣的行為是高尚的。但也因此，在高尚的事物中總是可以覺察到多餘的事物（Überfluss，譯註：過多、豐富、有餘的事物，在這裡指的是賦予高尚過多、過分的價值，因而把審美高尚與道德高尚混為一談，不同的高尚行為應該要分別看待），因為那些僅僅只是需要物質價值的東西也有了自由形式的價值，或者將其應有的內在價值與它缺少的外在價值結合了，所以有不少審美的多餘事物被誤認為道德的多餘事物，而且因為高尚現象的引誘，而將隨意性和偶然性帶入道德本身，從而完全捨棄了道德。

崇高的行為（ein erhabenes Betragen）必須與高尚的行為（einem edeln Betragen）加以區分。高尚的行為超越了道德尚的渴望，使他無須嚮往著崇高。這一切都可以藉由審美修養完成，它使人不受自然法則和理性法則束縛的任意性所支配的一切都服從於美的法則，並且在美的法則給予外在生活的形式中就已經開展了內在的生活[9]。

的約束，但崇高的行為則不然，儘管我們重視崇高的行為勝過高尚的行為。但我們尊重崇高的行為並非因為它超越了客觀的理性概念（道德法則）而是因為它超越了主觀的經驗概念（我們對人類意志品質和意志力的知識）。反過來說，我們尊重高尚的行為也並非因為它跨越了主體的天性，而是因為它跨越了客體的本性（自然的目的）而進入精神領域；更確切的說，是它必須完全自由地從這天性中流露。可以說，在崇高的領域裡，我們訝於對象取得了人類的勝利（譯註：在崇高中，是我們被對象觸動而引起的一種無限的整體感受，如第二十二封信曾提過的，在藝術上，越好的藝術就越能帶給我們整體的感受；在高尚中，是我們賦予對象內容）；在高尚的領域裡，我們則驚嘆人賦予對象蓬勃朝氣。

8 指受自然、感性、物質支配的本性。

9 當人成為審美之人時（自由狀態），其內在的生命也就已在審美的狀態了。

第二十四封信

人的三種發展時期

因此，人有三種不同的發展時期，或三種不同的發展階段，無論是個別的人或全人類，若要實現其所有規定，都必然會在一個特定順序下經歷這三個時期或階段。雖然由於外在事物的影響或人類的自由任性等偶然的原因，個別時期可能有時延長或縮短，但沒有哪個時期可以完全被跳過，即使是這些時期彼此銜接的順序也不會被自然或意志扭轉。人在他的物質狀態中只能承受自然的力量，只有在審美狀態中才能擺脫這種力量，而在道德狀態中則可以控制這種力量。

在美尚未誘發出人的自由樂趣[1]之前、在寧靜的形式尚未撫慰他粗野的生活[2]之前，人是什麼樣子呢？人的目的永遠一成不變，人的判斷永遠變化多端，他自私自利但不自主，他不受約束但不自由，他是不遵守規則的奴隸。在這個時期，世界對他來說只是命運，而不是對象；對他而言，一切事物都只是因為他才被創造並存在；不給予他也不從他那裡獲取什麼的事物，對他來說完全不存在。他在眾多存在事物之中感到自己是單一且孤立的，任何在他面前的事物也都如此。一切存在的事物對他來說都只是由於此刻必須服從的命令而存在；一切變化對他來說都是嶄新的創造，因為既然他缺乏內在的必然性，也就缺乏外在的必然性，這種必然性把變幻的型態結合成一個宇宙，當個體消失，法則卻永遠留在舞台上。自然將它豐富的多樣性平白消失在人的感官前：在自然的壯麗中，人只看到他的戰利品而看不見其他；人只在自然的力量和偉大中看見他的敵人。人要不是奔往對象，企圖占有對象，就是對象奔往人來毀滅人，讓人厭惡地把對象從自己身邊推開。在這兩種情況下，人與感官世界的關係都是直接觸動的，他永遠害怕感官世界的逼迫，不斷受到強烈的需求折磨，因此，他除了疲憊找不到寧靜、除了精疲力竭的渴望找不到邊界。

雖然強壯的胸膛和泰坦[3]
強而有力的骨髓是他的……
某些遺傳；然而天神在他額上箍上
一只金屬頭箍。
使他驚恐和陰鬱的目光看不到，
忠言、節制、智慧與忍耐，
使他的每一個渴望都化為憤怒，
他的憤怒將無邊際地四處流竄。

——《陶里斯島上的依菲格妮》[4]

1 指人還停留在感官階段，尚未進入審美狀態、體驗到自由。

2 融化性的美的任務是以寧靜的方式緩和粗野的生活。（請參見第十七封信第四段。）

3 泰坦是希臘神話中曾統治世界的巨人族，這個家族是烏拉諾斯和大地女神蓋婭的子女，他們試圖統治天國，但被宙斯家族推翻並取代。

不認識自己人性尊嚴的人，也不會尊重他人的人性尊嚴；意識到自己粗野欲望的人，也會害怕同類人身上那樣的粗野欲望。他從未在自己身上看見別人，只會在別人身上看見自己，社交生活並未讓他擴張到整體種族，而是日益將他圈禁在自己的個體之中。他在沉悶的限制中，迷惘地度過黑暗的生活，直到一種良性的自然為他推開了陰暗感官材料的負擔[5]，反思（Reflexion）使他把自身和事物分離，最後在意識的反射中呈現出對象。[6]

如上所述的這種未開化的自然狀態，當然不會在哪一個特定民族和時代中獲得驗證；它只是一種觀念，然而這種觀念與某些個別行徑中的經驗完全吻合。我們可以說，人從未完全處於這種動物狀態中，但也從未脫離這種狀態。即使在最未開化的主體身上也能找到確鑿的理性自由的痕跡，在最有教養的主體身上也不乏如前者那種黯淡自然狀態的因素。在本性中統一最高等和最低等的東西，是人類本有的特色，假若他的尊嚴是建立在嚴格區分兩者上，那麼他的幸福就建立在巧妙地揚棄這種區分。文明應該帶給人類的尊嚴和幸福和諧，如此一來，文明就必須關注這兩種原則，在最緊密的結合中，仍保持各自最高度的純粹。[7]

理性在人身上第一次出現還不是人性的開端：**人性取決於自由，理性的開始在於使人的感性依賴性變成沒有邊界**。我認為，這種現象的重要性和普遍性似乎尚未恰如其分的發展。我們知道，人類身上的理性是以對絕對的要求（即以自身為基礎且必然如此）來表現，這種要求無法在任何物質生活的個別狀態中獲得滿足，因而它就迫使人甚

---

4 此為歌德名劇中的一段，是他於一七八七年一月十三日義大利之旅後完成。改編自古希臘悲劇詩人歐里彼得斯（Euripides）之《在陶里斯島的依菲格妮》（*Iphigenie bei den Taurern*）。改編後的版本結局強調人可以克服天意的詛咒。

5 自然使人能夠從物質走向美。

6 承上一句，有利的自然可使人從物質走向美，正是因為人的反思能夠把人與自身的物質面區分開來，而使自身和事物都在意識中成為思維的對象。

7 文明要確保人本性中的自然與自由（自然狀態與理性狀態）能夠彼此統合但又各自獨立。

至得完全脫離物質生活，並須從有限的現實中上升到觀念。[8] 雖然這個要求的真正意義是讓人掙脫時間的限制，引導人從感官世界到觀念世界，然而因為對這種要求的誤解（在感官具主導地位的時期幾乎不可避免），它會將矛頭對準物質生活，不是讓人變得獨立，而是將人推入最可怕的奴役中。

實際上也是如此，人為了追求前方不受限制的未來，憑藉著想像力的翅膀脫離了單純的獸性自身禁錮於其中的當前限制；而當無限出現在人的炫目想像前，他的心依舊活在個別的事物之中，尚未停止為眼前的瞬間效力[9]。在人的獸性中追求絕對的衝動突然向他襲來，而且因為在這種沉悶的[10]狀態中，人的一切努力都只在物質面與暫時的事物上，只囿於其個體中，因此那種要求只會促使人在無限中膨脹而非脫離個體，促使他去追求用之不竭的材料，而非形式，促使他追求無止盡的變化和保證他暫時存在，而非恆久不變的事物。這樣的衝動，如果用在人的思維和行動上，應該可以引領人達到真理和道德，但現在這樣的衝動與人的受動和感覺發生了聯結，就只會產生無限的要求和絕對的需求[11]。人在精神領域中所收穫的第一批果實是憂慮和恐懼：二者都是理性的結果而非感性的結果。但是理性選錯了對象，把它的命令（Imperativ）[12]直接運用在材料上。一切無條件的幸福體系就是這棵大樹的果實，無論其對象是此時今日、整個一生或是整個永恆，這種永恆的作為也不會使這個體系更值得尊重。存在和幸福的無限綿延，純粹只為了延續生存和安樂，就只是一種渴望的理想，因此也只能從

8 理性的要求是無法在感性層次獲得滿足的，因為理性的對象是絕對。

9 人的感性還是會在理性開始運作的同時，先處理著眼前的個別事物。

10 感性運作是被動的，僅處理眼前事物，被形容為是沉悶的，因為不如想像力活躍。

11 當理性與感覺共同作用時，理性要求的絕對與無限在感覺層面也會產生，但感性達不到這樣的要求，因而導致下面席勒所描述的，人在精神層面上首先感到憂慮和恐懼。

12 指客觀對所有人都適用的原則，康德又把它分為假言命令（hypothetischer Imperativ）和定言命令（kategorischer Imperativ，或稱絕對命令）。前者是表達完成特定目標所需採取的手段間的關係，並無道德上的意涵；後者則是無條件的，每個人在道德上必須遵守的唯一準則。

追求動物性的絕對中提出這種要求[13]。人並無法透過這種理性表現的方式贏得人性[14]，反而只會失去動物的那種幸福的有限性，與動物相比，人只是具有一種不值得稱羨的優點，也就是為了追求遙遠的事物卻喪失了對當下的占有，然而，在整個漫無邊際的遠方中尋找的又不過只是當下。

但即使理性沒有選錯對象，也沒有提出錯誤的問題，感性還是會在長時間內偽造答案。只要人類開始使用其理性、開始按照因果關係連結周遭各種現象，理性就會依據其概念要求一種絕對的連結和無條件的根據[15]。為了能夠提出這樣的要求，人就必須超越感性；但感性正好又利用這個要求，把逃亡者[16]又追了回來。因此這裡正是人必須完全脫離感性世界飛往純粹的理性王國之關鍵，因為知性永遠停留在有條件之事物[17]的範圍內，且不停追問、得不到最終的事物。但我們在這裡所談的人還沒有這樣的抽象能力，所以他只會在感性領域中依據假象去尋找那些他在感性知識範圍中找不到的事物，且不會超出這個範圍到純粹理性中尋找。雖然感性並未向人指出人的自身原因和自我立法的事物[18]，但它會向人指出沒有根據且無視於法則的事物。因為人無法藉由最終和內在的根據讓滿是疑惑的知性平靜下來[19]，所以他就透過無根據的概念[20]，至少讓知性保持沉默並停留在質料的盲目強制之內[21]，因為人還不能掌握理性崇高的必然性。因為感性除了它自己的利益，

13 理性與感覺共同作用時，雖然也產生了對無限與絕對的需求，但因為絕對與無限僅能在觀念上實現，在感性上能夠達到的絕對和無限就只能表現為在有限的時間條件下，對存在和幸福的延續之追求。

14 承上，因而這並不是人性，按席勒所指的人性是自由的、無限的，這種在感性能呈現出來的對絕對與無限的追求仍然是有限的。

15 理性要求的是適用所有狀況的普遍法則，且理性自身就是其根據來源的連結。

16 指欲脫離感性限制的人。

17 指感性的對象、變化的事物，不是如觀念那樣絕對的事物。

18 感性無法解釋人為何能自我立法並依據法則而行動。

19 即使有理性能夠得出普遍性法則，但人仍然有反思的活動，並不必然滿足於依造理性得出的普遍立法。

20 無法說明其根據、來源，就只好說它本來就如此的這樣一種概念。

不知道其他目的、除了盲目的偶然，感覺不到其他驅力，因此人就把感性的利益當成其行動的規定者，把盲目的偶然當成世界的主宰。

人身上的神聖本身就是道德法則，當它最初在感性中表現時也無法逃離這種偽造。因為道德法則只是禁止且反對人的感性自私的利益，所以在人還沒能把自愛（Selbstliebe）當成外在事物[22]時，而把理性的聲音看成是其真正自我時，道德法則對人來說就表現為某種外在的事物。因此，人只察覺到理性替他戴上枷鎖，而沒有察覺到理性讓他獲得了無限自由。他察覺不到自己身上的立法者之尊嚴，只感覺到強迫和奴僕般的無力反抗。因為在人經驗中，感性衝動先於道德衝動，所以人就給必然性的法則一個時間上的開始，即給必然性法則一個積極的起源[23]；而由於這個最不幸的錯誤，人就讓自身中恆常不變和永恆的東西變成了短暫倏忽的偶然性。他說服自己，把合理與不合理的概念當作規章準則[24]，這些規章法則是由意志所引進，且它們本身並非永遠有效。正如在解釋個別自然現象時，人總是要超越自然的範圍，並在自然範圍之外尋找只能在自然的內在合法則性（Gesetzmäßigkeit）[25]中才能找到的事物一樣，人在解釋道德現象時，也要超越理性範圍，一旦他在道德的路上尋找神性，就會失去其人性。那種以拋棄人性為代價的宗教總是有這樣的來歷，並非來自永恆的法則，人也不會認為它們具有無條件和永恆的約束力[26]，這並不足為奇。人只是與強大的本質打交道，而不是和神聖的本質有關係[27]。因而，人崇拜神的這種精神是使

21 以這樣的事物作為一個概念使反思活動停止在這些事物上，而提升不到理性要求的觀念領域。

22 指人認為自愛是天性。而之所以在有自愛的天性中還能產生道德，是由於理性的緣故。因而認為道德是外在於人的事物，理性在產生道德這一點上似乎是一種對人的束縛，但席勒在後面進一步說明，理性產生道德立法的這一點其實顯示出了人性的尊嚴，以及證明了我們具有可以抵抗出於自愛而自私自利的自由。

23 指必然性法則是先驗的存在，先於經驗、不從經驗產生的事物。

24 指以合乎理性和不合乎理性作為判斷的標準。

25 指自然內在的規律。

26 認為只有以神為根據的法則才有約束力，而忽視以人的人性為根據的法則（如理性的普遍法則）。

27 但人其實只是服從強大的力量本身，而不是真的認識到神性。

他更加卑屈地畏懼，而非提高他對自我評價的敬畏[28]。

雖然人有各式各樣的方式偏離理想的規定，但這些偏離都不會發生在同一個時期，因為人得經歷從無思想到謬誤、從意志薄弱到意志腐敗等許多階段，一切偏離都是物質狀態造成的結果，因為所有偏離都是生命衝動強過了形式衝動所造成的。[29]現在，不論是因為理性尚未在人身上發言，物質狀態還以盲目的必然性支配著人類，或是理性還不足以使自己從感性中被淨化，道德還服從於物質，不管是哪一種情況，在人身上唯一具有權威的原則是物質的原則，根據人最終的傾向，他仍是感性的存在。唯一的區別在於：人在前一種狀況下是非理性動物，而在後一種狀況下是理性動物；但他不應該是這兩者中的一種，他應該是**人**；自然不該只單獨地支配他，理性也不應當有條件地支配他。這兩種立法應該完全彼此獨立存在但又完全統合。

28 因而這種對強大力量的崇拜只會使人自卑，而非使人得以認識自己。

29 生命衝動泛指感性衝動、物質衝動。人會偏離理想，是因為感性居於主導地位。

第二十五封信

美的統一性

只要人還處於最初的物質狀態，只是被動地接受感官世界，只是感覺著感官世界，他就仍然與感官世界完全是一體的，正因為他自己僅只是世界，所以對他來說世界還不存在。只有他在審美狀態時，置身世界之外或觀賞著世界時，他的人格性才與世界分離[1]，世界才出現，因為他不再讓自己與世界成為一體[2]。

這種觀賞（Betrachtung，或說反思）是人和環繞著他的宇宙的第一種自由關係。如果說渴望直接攫取其對象，觀賞則是將其對象推開到遠處，讓這個對象逃離激情，並使它成為真正且不會失去的所有物[3]。在純粹感覺狀態中以不可分的力量支配著人的自然必然性，在反思之際卻離開了人，在感官中產生瞬間的平靜，時間本身（即永恆的變化）停止不動，這時分散的意識光線匯聚一起，而對無限的仿作（即形式）就在變幻無常的基礎上反射出自身。一旦在人身內出現光芒，在人身外就沒有黑夜；只要在人內心還有寧靜，宇宙中的暴風也會平息，自然中的爭鬥之力也會在這穩定的邊界上順從冷靜下來。因此以遠古詩篇把人內心的偉大事件當成是一場外在世界的革命來談論，並且借用

1 人被動感受時，人跟世界是同一的，只有當人把世界當成觀賞的對象時，人才有主動性，才開始有自我與世界之分。而依據第十九封信，人格性指的就是人的理性衝動和其建立法則的傾向。

2 原註：我要再次提醒，雖然這兩個時期在觀念中必須加以區分，但在經驗中多多少少都混在一起；也不要認為，人好像會有一個時期只處於物質狀態，以及會有一段時間完全擺脫物質狀態。只要人一有了對象，他就不再只是處於純粹的自然狀態，只要他繼續看著一個對象，他就無法擺脫任何一種自然狀態，因為只有在人感覺的時候才可以看見對象。我在第二十四封信的開頭曾提到的那三個時期，雖然就整體來看是整體人性的三個不同發展時期，但也是個別人類整體發展的三個不同時期，甚至在一個對象的任何一種個別的知覺中，也可以區分出這三種不同的時期。（譯註：即使對一個對象所產生的視覺、觸覺、嗅覺這樣的個別認識中，一樣有這三個發展時期。）總而言之，這三個時期是我們藉由感官獲得的每種認識的必要條件。

3 觀賞（反思）讓感性接收到的變化不斷的事物成為真正在我們思維中的對象。

了終結薩涂爾王國的宙斯形象[4]，來具體呈現（versinnlichen）出戰勝時間法則的思想，便不足為奇。

只要人還僅是感覺著自然，他就還是受自然奴役；只要人開始思考自然，他就會變成自然的立法者。原先支配人類的自然，現在卻成為人類眼中審視的對象。對人來說，作為對象的事物就沒有力量去支配人，因為要成為對象，就必須接受人的力量。只要人賦予質料一個形式，且只要人賦予它形式，人就不受質料作用的傷害；因為除了那些被奪走精神自由的東西，沒有任何事物可以傷害精神。精神賦予無形式事物一個形式，以證明精神的自由。只有在沉重和無形體的素材（Masse）占統治地位之處，以及模糊的輪廓在不確定的界線搖擺之處，恐懼才會存在；自然中任何可怕的東西，只要人明白如何給予它形式並把它轉化為自己的對象，他就都可以戰勝它。當人開始面對作為現象的自然維護他的自主性時，那他也就開始面對作為力量的自然維護他的自尊，並以高尚的自由去對抗眾神。眾神拋棄了祂們使人在童年時懷抱恐懼的鬼臉，展現出人的模樣，並讓人訝異祂們有人的形象。

東方的神獸以其猛獸的盲目力量管理世界，在希臘人的想像中卻收斂為人類的親切面貌，泰坦王國（Titanen）毀滅了[5]，無限的力量被無限的形式馴服了。

但是，在尋找物質世界的出口和精神世界的入口時，自由奔馳的想像力已經進入了精神世界。當我們從純粹自然直接過渡到純粹形體和純粹對象時，我們所找尋的美早已經在我們身後，我們早已經跳過了美。這樣的跳躍不在人的本性中，為了與人的本性保持一致，我們必須再次回到感官世界。

美絕對是自由觀賞的作品，我們與美一起踏入觀念的世界，然而必須指出的是，如同認識真理般，我們並未因而離開感官世界。真理

4 薩涂爾是古羅馬神話中的農業之神，對應希臘神話中的科羅努斯。科羅努斯代表時間，在祂統治世界後，宙斯又推翻其政權，成為眾神之王。

5 泰坦王國後來被科羅努斯統治。

是把一切物質和偶然的事物分析出來的抽象的純粹產物；真理是純粹的客體，是不會保留主體的任何限制[6]；真理是純粹的自主性，是沒有任何受動的混雜物[7]。雖然在最高度抽象中也有返回感官世界的道路，但因為思想會觸動內在感覺，邏輯的統一性表象和道德統一性表象會返回到感性上協調一致的感覺。倘若我們因為認識而快樂，那麼我們就是非常精確地把自己的表象與自己的感覺區分開來，並將感覺視為偶然的事物、視為即使丟開它，認識也不會因而消失的事物，真理也不會因此就不再是真理。但是想要把感覺能力的關係從美的表象加以分離，那也會是徒勞無功：因為，把一個東西視為另一個東西的結果，這樣做是不夠的，我們必須把兩者看成是相互影響的事物，如同原因與結果相互影響一樣。在我們因認識而愉悅時，就毫不費力地分辨出從主動到被動的轉移，且清楚看到，當後者出現時，前者便消逝。相反的，在我們因為美而稱心滿意時，卻區分不出主動和被動之間的演替，反思完全與感覺交織在一起，使我們相信自己直接感覺到了形式。因此，美對我們來說雖然是對象，但因為有反思這個條件，我們才能感覺到美；但是同時美也是我們主體的一種狀態，因為有感覺這個條件，我們才能獲得美的表象。雖然美是因為我們觀賞它而是一種形式，但也因為我們感覺它，所以美也是生命。簡言之，美同時是我們的狀態，也是我們的活動。

正因為美同時是這兩者，所以它就成功地提供我們一個證明：被動性絕不會排除主動性、質料絕不會排斥形式、限制絕不會排擠無限，所以人的道德自由並不會因為人必然的自然依賴性而被取消。美證明了這一點，我應該補充說，只有美才能向我們證明這一點。因為在享受真理或邏輯的統一性時，感覺不一定與思想一致，而是感覺偶然地隨著思想產生，所以真理只能向我們證明，感性本性可能可以跟隨理性本性而來，反之，並不能證明兩者是共同存在的、兩者是互相影響

6 真理是客觀的，不受主體的認知影響。

7 沒有感性、被動接收的成分。

的，以及兩者絕對且必然地整合為一。更確切的說，正好相反：只要一思考就排斥了感覺，只要一感覺就排斥了思考，這兩種本性是不可相容的，就如分析家無法為純粹理性在人性中的可實踐性提出更好的證明，只好說它是必須如此。但是，在享受美或審美統一性的時候，那種質料與形式、以及被動與主動之間發生了真正的統一和互換，正好證明了兩種天性間的可相容性，即證明了無限在有限中的可實踐性，因而也證明了崇高人性的可能性。

我們不再不知所措地去找尋從感性依賴性到道德自由之間的過渡了，因為美已經證明了道德自由完全可以和感性依賴性並存，且人為了證明自己是精神時也不必就得脫離物質[8]。假若如同美的事實所教導的，人在與感性共處時就已是自由的，假若如同自由概念所表明的，自由是某種絕對的和超感性的事物，那麼就不會再出現「人如何從限制提升到絕對、如何在思維和意願中與感性對立」這樣的問題，因為這些都在美之中發生了。總而言之，人如何從美過渡到真理也不再是個問題，因為真理依據其能力早已被包含在美之中了；人如何開闢一條從日常現實走向審美現實、從純粹的生命感覺走向美的感覺的道路？這才是問題。

8 人不需要為了證明自己是精神性的存在，而去推翻自己是物質性的存在，因為美的統一性已經證明了精神與物質可以共存。

第二十六封信

審美假象

如同我在前面幾封信中闡述的，心靈的審美心境才能產生自由，所以不難看出審美心境並非來自自由，因而也不可能來自道德。審美心境必定是自然的贈禮；只有偶然的厚愛才能解除自然狀態的枷鎖[1]，引導野蠻人走向美。

當貧乏的自然剝奪了人的每一種令人精神振奮的事物、或奢侈的自然把人從自身的努力中解放出來時[2]，遲鈍的感官感覺不到任何需求，強烈的渴求得不到任何滿足，美的幼苗在其中難以成長；當人們如洞穴人般（troglodytisch）藏匿於洞穴中，永遠形單影隻，從未於自身之外發現人性，美的幼苗難以萌生；而當人們如遊牧民族般生活時，他永遠只是數字[3]，從未在自身中找到人性，美的幼苗也不在這裡發展。唯有當人在自己的小屋中靜靜地與自己對話，一旦走出門外，便與整個世代的人對話，美的幼苗才在此刻綻放芬芳花蕾。因為只有在輕盈的空氣中開啟任何能輕輕撫動感官的地方，充沛的溫暖才使繁盛的材料有了生氣；只有在無生命的創造中推翻盲目的物質王國，勝利的形式才能使最低等的自然也受到淨化，因而在興高采烈的關係中和在備受祝福的地帶中，只有行動能產生享受，只有享受能產生行動[4]，從生活本身湧現的神聖秩序，從法則的秩序發展出來的只有生命，只有在想像力逃離現實，然

1 偶然的厚愛指人的任意性，只有人的任意性（自由的選擇）才能夠打破自然必然性的限制。

2 使人不再努力，只是被動接收自然給予的事物。

3 指在動物性狀態中，個人在群體中不過只是一個整總中的數字，沒有個人的人性發展，也不是一個能促進整體人性發展的個別人性。

4 當人脫離動物性狀態，他的行動就不受制於自然限制（如飢餓、口渴），而是為了更高的需求（享受）而行動。

而又不在自然的質樸中迷失的時候，感官和精神、感受力和創造力才能幸運地均衡發展，而這種均衡正是美的靈魂和人性的條件。

那麼，宣告野人達到人性的現象又是怎麼回事呢？假若從歷史來探究，對所有擺脫動物狀態奴役的民族來說，這種現象都是同一回事：他們都愛好假象，偏愛裝飾和遊戲。

極度的愚昧和最高的知性彼此之間存在某種相似關係：兩者都只尋找真實（Reelle），對純粹的假象完全無動於衷。愚昧只有透過對象直接在感覺中的呈現，才會打破其平靜；知性只有透過把它的概念帶到經驗事實上，才能重返平靜[5]。總而言之，愚蠢不會超越到現實之上，知性也不會停滯於真理之下。因此對真實的需求和對現實的依賴純粹只是缺乏[6]的結果。對實在的冷漠和對假象的興趣，就是人性真正的擴展，而且是跨向文明的決定性一步。首先，這是對外在自由的一種證明：因為只要強制主宰著、需求逼迫著，想像力就會被牢固的枷鎖捆綁在現實上；只有需求得到滿足時，想像力才能發展出不受約束的能力。其次，這也是對內在自由的一種證明：因為它使我們看見了一種不依賴外在事物而僅靠自身就能運動起來的力量[7]，並擁有足以抵抗逼近中的物質[8]的能量。事物的實在性是事物自己的作品；事物的假象是人類的作品[9]，而一個享受假象的性情之人，已經不再以他所接受的事物而喜悅，而是以他所創造的事物而喜悅。

不言而喻，這裡所談的是審美假象，它與現實和真理有所區分；

5 極端的感性和知性都忽視假象，而只想追求事物的本質，但它們都忽略了，假如沒有透過假象，它們無法先具有一個可作用的對象。如感性的感覺作用，若沒有先透過事物的假象，無法獲得對對象的直觀；知性的思維作用若沒有假象，也無法使概念得以用於經驗。

6 人的感性與知性能力無論如何都無法真正獲得對事物本質的認識，這是其能力的缺乏、不足之處，人無論如何都只能確定自己認識到的僅有事物的假象。

7 指人透過自己的認知能力就可以運作對外在的認識。

8 形容人無法拒絕外在事物給予感官的刺激，這種強迫、不得不的刺激狀態被形容為不斷逼近而來。

9 事物只要給予人印象就使人認為它實際存在，因而事物的實在性是事物自己的作品，而人對事物的認識，是通過事物的假象，而使我們認為事物為何，因而假象是人的作品。

而不是邏輯的假象，它和現實與真理相混淆。因此人喜歡假象，只是因為它是假象，而不是因為人認為它更好。只有審美假象才是遊戲，因為邏輯假象只是欺瞞。承認第一類型的假象（審美假象）能影響某些事物，絕不會損害真理，因為絕不會存在誤把假象頂替真理的危險，而冒充真理才是唯一能傷害真理的方式；因而人也不會輕蔑審美假象，因為審美假象的本質也是美，如果蔑視它也就是完全輕蔑一切美的藝術。其間，知性有時會遇到對實在的追求到達了某種狹隘程度、導致它對整個美的假象藝術只因它是假象就做了輕蔑判斷[10]的情況；但是，只有當知性無法回憶起前面所提及的親密關係時，它才會遇到這種情況。[11]至於美的假象必然性界線，將來有機會再特別討論。[12]

　　把人從實在往假象提升的是自然本身，自然替人準備了兩種感官，這兩種感官只憑藉假象就能觸及真實認識。在眼睛與耳朵裡，逼近而來的材料已經從感官中排除，我們在動物性感官中可以直接觸碰的對象也遠離了我們。我們用眼睛看見的事物，不同於我們感覺到的事物；因為知性跳過光亮[13]而到達對象身上，觸覺的對象則是一種我們承受的力；眼睛和耳朵的對象是我們所創造的一種形式。只要人還是野人，他就只用感覺的感官來享受，在這個階段的假象感官僅僅效力於感覺感官。這時，若不是人無法提升到觀看的狀態，就是觀看無法使他滿足[14]。只要人開始用眼睛來享受，那麼觀看對他來說就能獲得獨立的價值，那他在審美上也就自由了，而遊戲衝動也就得以開展了。

同樣的，只要以假象為愉悅的遊戲衝動一開始活動，模仿的創造衝動（Bildungstrieb）[15]就隨之而來，創造衝動把假象當成某種獨立自主

10 指知性對美也用對實在性的要求般，因而對美做出不合宜的判斷。

11 承上，當知性還是堅持追求實在性時，那它也只能對美的假象做出輕蔑的判斷，如認為它不具實在性、非真實的事物。

12 席勒在一九七五年的《論使用美的形式時的必要界線》中專門討論這個問題。

13 指知性跳過事物給予的印象（這裡以光亮形容事物給出的印象），而直接進行對事物的抽象思考。

14 在野人的狀態下，感官接收到的假象仍只是純粹感覺的印象，人可能只停留在這個階段，或者他能進一步達到享受的狀態，即從純粹的感官印象進一步到審美判斷的階段。

的東西。只要人一朝能區分假象和現實、形式和物體，他就能夠把它們與他分離開來；因為當他以這種方式區分出它們時，他就已經把它們與他隔開了。因而模仿藝術的能力其實與形式的能力一樣，完全都是被賦予的；對形式能力的渴望是以另一種稟賦為依據，我在此就不多提。審美的藝術衝動發展得早或晚，只取決於讓人停留在純粹假象所具有的那種愛的程度。

因為一切現實的存在都源於作為外在力量的自然，而一切假象都源於作為主體、具有想像力的人，因而在人把假象從本質中取回，並根據自己的法則來處理它時，他只是行使著其絕對所有權[16]。只要他能夠以綜合的方式思考，他就也可以用不受約束的自由把那些被自然分開的事物再結合起來；只要他能夠在其知性中將之分離，他也能夠把自然所連結的事物分開。只要他注意到那道把他的領域與事物存在的領域（或說是自然領域）分隔開來的邊界，那麼除了他自己的法則，就沒有什麼事物對人來說是神聖的。

人在假象的藝術中也行使這種支配權，他在這裡把「我的」和「你的」區分得越嚴格，把形象和本質區分得越詳細，賦予前述事物越多獨立性，他就越發不只擴大美的領土而已，還自己保衛了真理的界線；因為倘若他不能同時把現實從假象中釋放出來，他也就不能把假象從現實中解脫出來。

然而他也只有在假象的世界中、在想像力無實體的領域中，以及在理論中真心誠意地放棄表明假象的存在、在實踐上放棄由假象獲取存在，他才完全擁有這種統轄權[17]。您可以看到，假如詩人把存在附加到他的理想上、或者在他企圖達到一個特定的存在時，他就會以同樣的方式超出自己的界線。但以下這兩種情況都無法實現，除非他超越詩人的權利，以理想干涉經驗的領域，藉由純粹的可能性去擅自決定

15 指人藉由假象創造出事物價值的動力。

16 指人有行使創造的權利。

17 在假象的世界中，人才擁有想像力創造的權力。

現實的存在，或者他放棄詩人的權利，讓經驗干涉理想的領域，把可能性局限於現實條件之中。

只要假象是正直的（它公開宣布放棄一切對實在的要求），且只有當假象是自主的（不需要實在的援助），這樣的假象才是審美的。只要假象是虛假的且偽裝成實在、只要假象是不純粹的、並且在它作用時還需要實在幫忙，那麼它不過就是一種只為達到質料的目的的最低劣工具，也無法證明精神自由。此外，倘若我們在判斷美的假象時，根本不去考慮它是否有實在性，那麼發現美的假象之對象有沒有實在性其實也就全然不重要；因為一旦注意到實在性，這種判斷就不是審美的判斷了。一位有生命的女性，她的美自然會讓我們覺得美好，而且甚至會比一個畫出來的、具有同樣的美的女性更讓我們喜愛；但是，相較於畫出來的女性，只要我們更喜歡有生命的女性，那麼這個有生命的女性就不再是一種讓我們喜愛的獨立自主假象，就不再受純粹的審美情感喜愛。因為有生命的事物只有作為現象才使審美情感感到喜愛，現實的事物也只有作為觀念才能使審美情感感到喜愛；但要在活生生的事物中只感受到純粹的假象，比起讓假象缺乏生命，所要求的美的高度修養不知道還要高多少。

不管在哪些個人或哪些民族中，只要能發現到正直和自主的假象，也就都可以推斷出他們具有精神和趣味，以及每一個與此相關的優點。人們會在那裡看到理想統治的現實生活、看到榮譽勝過財產、思想勝過享受、不朽的夢想勝過存在。在那裡，公眾的聲音是唯一令人畏懼的事物，橄欖花冠比紅色錦袍[18]更受尊崇。只有無力和顛倒會把虛假和貧乏的假象[19]當成自己的庇護所，無論是個別的人或是整個民族，若不是以假象輔助實在，就是以實在輔助審美的假象（兩者往往結合在一

18 古希臘人在運動競技上取得勝利時，會獲得橄欖花冠加冕；紅色錦袍為法庭的穿著之一。這裡譬喻自由的、遊戲的精神，比制定規則、遵守規則更加重要。

19 指離不開實在的假象。

起），這也證明了他們既無道德價值也無審美能力。

在道德的世界中，假象的範圍可以有多大？這個問題簡單扼要的答案是：**審美的假象有多大，它在道德的世界中就有多大**，也就是說，假象既不想代表實在，也無須代表實在。審美的假象絕不會危及道德的真理，倘若發現在某處有情況並非如此，那麼將不難看出，在那裡的假象並非審美的假象。比如，只有與美打交道的門外漢，才會把普通禮儀的禮貌當成是對個人愛慕的標誌，一旦他失望了，就會抱怨這是虛偽的。但也只有不熟悉與美打交道的人，才會為了禮貌而求助於虛偽，為了使人喜愛而阿諛奉承。前者缺乏對自主假象的理解，因而只能藉由真理賦予假象自主的意義；後者則缺乏實在性，往往想要以假象去替代實在性。

沒有什麼比起聽到當代某些膚淺的批評家抱怨一切穩定都從世界消失，本質因假象而受到忽略，更加稀鬆平常的了。雖然我完全不覺得自己需要為這樣的指責辯護，然而這些嚴格的道德法官們做出如此廣泛範圍的指控，充分顯示出，他們責怪這個世界並不只因為虛假的表象，也因為正直的假象；甚至有時他們也會厚待美，但在這種例外中，與其說是針對獨立自主的假象，更不如說是針對貧乏的假象。[20]他們攻擊的不只是那些遮掩真理、無理要求代表現實的欺瞞粉飾；他們也震怒於填補空虛和遮掩貧困的有益假象、也憤怒於使平凡現實變得高尚的那種理想假象。道德的虛偽理所當然地汙衊了道德習俗的嚴格真實感[21]；可惜的是，他們把禮貌也當成了虛偽。外在的華而不實之物經常使真正的成就黯淡無光，這點激怒了他們；但要求成就也具有假象，使內在的意蘊具備令人喜愛的形式，也同樣使他們不悅。他們懷念舊時代的誠摯、堅實和可靠；但他們也想要看見原始道德習俗的笨拙和

20 美的假象有許多呈現，其中有不良的假象（浮誇）、有益的假象（如高尚），但由於對實在性的重視，導致所有假象無論好壞都備受批評。即便對美持肯定看法，也仍然免不了批評美的假象缺乏實在性。

21 道德的虛偽假象（如偽善）當然也汙辱了道德的實在性（如善），但禮貌作為一種道德假象，是道德的正面的假象，卻也因為批評所有假象而受到誤解。

粗糙、舊形式的遲緩和過去哥德式的浮誇[22]再次出場。他們以這種方式的判斷表達對質料本身的尊重，這種尊重是配不上人性的；相反地，只有當質料有能力接受形象、有能力擴大觀念的領域時，質料才會獲得人的珍視[23]。如果時代的品味能在另一個更好的法庭[24]前經得住的考驗，它就不是很需要傾聽這種意見。恪遵職守的美的法官也可能指責我們，但他的指責不是因為我們重視審美的假象的價值（我們在這一點往往做得遠遠不夠），而是我們尚未到達那種純粹的假象、尚未完全區分存在和現象，並永遠地確定這兩者的界線。只要我們不渴求活生生的自然之美，就不可能享受它；只要我們不追問目的，就不可能欣賞模仿藝術的美。倘若我們還不讓想像力擁有它應得的絕對立法權，並且以我們對其作品的尊重來顯示出它的尊嚴，那麼我們就理應受到這種指責。

22 十八世紀流行的哥德式風格是強調浮誇雕飾的建築，人際往來也時興繁文縟節。

23 只有當物質、材料能夠具有形象，呈現形式，人才會以其呈現出來的假象去欣賞它。

24 指美的判斷。

第二十七封信

審美遊戲

如果我在前面信件中提出的審美假象這一高級概念具有普遍意義的話，您就無須為實在和真理擔憂了。只要人還沒有足夠的教養而濫用這個概念，那麼這個概念也不會具有普遍意義；假若要使這個概念具有普遍意義，就只能透過文化來產生，而這種文化也不可能讓濫用這個概念的情況發生。比起人不得不把自己限制於現實來說，追求自主的假象需要更多的抽象能力、更大的心靈自由、更強的意志力。倘若人走向理想，是為了避免走向通往現實的道路[1]，這樣該有多糟！我們不用擔憂，這裡所談的假象會對現實有何危害，反而該擔心，現實對假象的危害。由於人一直以來都受到物質的束縛，使得他長久以來只是讓假象為其目的效勞，直到他承認假象在理想藝術中有權獲得它自己的人格性為止。為了達到後者，人必須在整體感受方式上經過徹底的革命，否則他甚至也無法發現通往理想的道路。因而，在發現有對純粹假象做無利害關係之自由評價的跡象之處[2]，就是我們可以推斷人的天性已經變革的地方，也是人的人性真正開始的地方。早在人美化自己的存在方式而進行的最粗略嘗試中就能發現這種跡象，人這樣做也使自己冒著讓生存的感性內容變得更糟的風險。只要人開始重視形象多過重視材料，且為了假象膽敢冒著失去實在的風險，他的動物性循環[3]就會被打破，他就會發現自己走上了一條沒有盡頭的路。

1 要達到理想，必得通過現實。參見第九封信：「理論的修養應該帶來實踐的修養，然而實踐的修養又是理論修養的條件。」

2 指真正能夠對假象進行審美判斷的時候，而非如第二十六封信中所提到的，只重視本質因而批評假象的情況。

3 參見第二十六封信：動物性的狀態使人只會圍繞著現實打轉，但只要人開始嘗試審美，就會打破這種循環走向精神無限的道路。

人已無法僅僅滿足於自然的事物和需求所要求的事物，他還要求有所剩餘；雖然一開始他只要求物質的剩餘[4]，以便使欲望藏匿其限制、並確保享受能超出當下的需求範圍，但他很快就會在物質剩餘之外也要求審美的附加物[5]，以便能滿足形式衝動的要求，讓享受超越任何需求的範圍。在人只是為了未來的需要而收集儲備，並在想像中預先享受這些儲備時[6]，雖然他也已經超越了當下瞬間，卻並未完全超越時間的界限；他享受得更多，但並未享受得不同[7]。在他把形象也拉到享受之列，且察覺到對象的形式時，他的享受就不只在範圍和程度上增加，同時也在種類上更加淨化了。

雖然，自然給予無理性者的東西也已經超越它們的最低需求，且在黑暗的動物性生命中投下一束自由的微光。如果獅子不受飢餓折磨、沒有其他猛獸挑戰牠時，牠的剩餘精力就得要為自己創造出一個對象：牠充滿勇氣的怒吼響徹整個荒野，牠的旺盛精力就在無目的的消耗中得到了享受。昆蟲成群地在陽光下飛竄，充滿著生命的歡樂；我們在鳴禽的美妙旋律中聽到的，也肯定不是欲望的吶喊。不可否認的，在這樣的活動之中有自由，但絕非擺脫了需求的自由，而只是擺脫了特定外在需求的自由。如果動物的驅力是一種缺乏，那麼牠就只是在勞動著；而當這種驅力是豐沛時，生命的剩餘刺激牠去行動時[8]，那麼牠就是在遊戲。甚至在沒有靈魂的自然中，也展現出這種力量的浪費和規定的鬆懈，而在物質意義上，甚至也可以稱這為遊戲。樹木萌發出無數未發育就凋零的幼苗，樹為了吸收養分，伸展出比維持其個體和

4 剩餘是席勒用來形容不需要、不必要，但已經被擁有的既存事物。這裡指人有了滿足最低需求的物質之外，還會利用物質剩餘而達到享受的狀態。

5 在物質達到享受的層次上，進一步產生審美的需求。

6 比喻人在想像中就已經能夠享受到滿足需求的過程。

7 但這樣的享受還只是受限於有限（物質的、時間的限制），即便享受的範圍已經更大更廣，但並沒有提升到精神的、審美的享受。

8 生命的剩餘，同註4。動物滿足基本需求的行動是一種生命的勞動，在滿足需求之後的行動則是享受生命的剩餘，是一種遊戲。

種類所需要的還更多的根、枝和葉。那些樹木浪費掉的大量蘊藏中，包含沒有使用過且沒有享受過的事物，這些事物就被回歸到自然，而有生命的生物則會盡情地在歡樂的活動中享受這些東西[9]。所以，自然在它的物質領域中就已給予我們一場無限的前奏，在這裡已經拋掉部分只有在形式領域中才會徹底卸除的束縛[10]。自然從需求的強制或自然的嚴肅開始，經由剩餘的強制或自然的遊戲，再過渡到審美的遊戲[11]，在自然超越目的限制而提升到美的高尚自由之前，它至少已經從遠處靠近了這種自由活動中的獨立性，這種自由活動本身就是自己的目的，也是自己的手段。[12]

就像人的器官一樣，人的想像力也有其自由運動和物質遊戲，在這遊戲中，它不涉及形象，只為其自主性和不受約束而開心。只要形式尚未參與這種幻想遊戲，這種幻想遊戲的全部魅力都將由形象不受限制的序列構成，那麼這種遊戲固然只專屬於人，但它仍然只屬於人的動物性生命，只表明了人已從外在感性的強迫中解放，但還不足以推斷出在人身上還有一種獨立的創造力（bildende Kraft）[13]。這種自由

連結觀念的遊戲（Spiel der freien Ideenfolge）[14]完全還是物質方式，用純

9 樹木讓生命的剩餘返回自然（凋零、返回土地），但動物則會利用生命的剩餘去遊戲。

10 指對基本需求的滿足的那種強制性，在物質（生命）剩餘的時候，人一旦利用這些剩餘而享受，這個階段的人就已經擺脫受基本需求的限制了。

11 雖然自然在基本需求上限制我們，但也給我們剩餘，使我們可以利用這種剩餘，去展現自由、去遊戲。

12 自由使自由活動可能，而自由活動展現自由。

13 原註：大多數日常生活中進行的遊戲，假若不是完全依賴這種對觀念序列的感覺，就是借用了在這種感覺中的最大魅力（譯註：日常生活的遊戲是想像力透過在時間中依序出現的現象所產生的感覺而構成，或是建立在這種感覺之上而產生、感到遊戲的樂趣。）。但這種情況本身並無法證明人有更高的天性，反而只有最怠惰的心靈，才會甘於沉湎在這種自由的形象流（譯註：指現象的流動變化。）中，但是這種不依賴外在印象的幻想，它的獨立性至少也是幻想的創造力的一種消極條件。只有創造力擺脫了現實，它才提升到理想；在想像（Imagination）可以依據自己的法則進行創造（produktiv）活動之前，它必須已經在再創造（reproduktiv）過程中就擺脫外來的法則（譯註：想像力雖已是自由的活動，但若它沒有從接收外在形象的流動變化提升到足以擺脫受這種外在流變形象的吸引，它就無法真正地去創造。）。當然，從純粹的無法則性到獨立自主地於內在立法還有很大的一步，而且還必須加入一種全新的力量（即觀念的能力）到遊戲之中，不過這種力量現在可以更容易地發展起來了，因為感性不會去抵抗這種力量，而無規定的事物至少會從否定面而貼近無限。

粹的自然法則就可以解釋；從這種自由地去連結觀念遊戲出發，想像力在嘗試自由形式的過程中，最終會躍升到審美的遊戲。這必須稱之為**躍升**，因為這是一種全新的力量在活動；因為立法的精神在這裡第一次參與了盲目本能的行動[15]，使想像力的恣意活動過程臣服於它永恆不變的統一性，把它的獨立自主性置入可變化的事物中，把它的無限性放到感性事物之中。但只要粗糙自然依然過於強大，它就仍然會不停歇地從一個變動匆忙奔向另一個變動，而不知道還有法則；自然會以不安定的任意去對抗精神的必然性、以自己的騷動對抗精神的恆定、以自己的貧乏對抗精神的自主性、以自己的不知足對抗精神的高尚質樸。這樣的審美遊戲衝動在它最初的嘗試中幾乎還無法加以辨識，因為感性衝動以它固執的情緒和粗野的渴望不停地加以干擾。於是我們看到粗野的趣味[16]最初掌握到的是新奇驚異的事物、花俏離奇和古怪的事物以及激烈粗野的事物，而逃避質樸和寧靜的事物。這種粗糙的趣味創造出荒誕不經的形象、它喜愛急速的轉變、浮華的形式、刺眼的對比、耀眼的光線、悲戚的歌唱。對人來說，這個時期只有使人激動、使人獲得材料的事物才被稱為美，然而其動機則是為了自主地對抗，給予人材料是為了可能的形象[17]，否則對人來說根本就不是美。因此，人的判斷形式就發生了引人注目的改變：他之所以尋求這種對象，並非因為它們使人承受了某些事物，而是因為它們讓他行動起來；人喜歡這些對象，不是因為它們可以應付需求，而是因為它們滿足了在人心中、還很微弱地訴說著的法則。

很快的，人就不再滿足於事物令他喜愛的情況；他會想要自己使自己喜愛，雖然最初是透過那些屬於他自己的事物，但最後就會透過

14 指通過想像力所產生的遊戲活動。

15 想像力是一種能自由訂立規則的力量，它與感性共同運作，而創造新的認識。

16 席勒形容深受感性影響的想像力遊戲是一種粗糙的審美趣味，因為越能刺激感官的對象往往是奇形怪狀的事物，而深受感性影響的想像力會誤把這種刺激感官的對象認為是美，但其實不然。

17 承上，這種給予感官怪異刺激所帶給人的美的感受，雖然還不是真正的美，但至少先展現出理想中的美、形式可以在現實中實現的可能性，是審美的初步嘗試。

他自身。凡是他所擁有和創造的事物，都不再只是奴役的痕跡、不再只是擔負著為了達到其目的的局限形式[18]；這些事物除了對人有用，也必須再次反映出思考它們的那種才智知性、實現它們可愛的那雙手、選出和提出它們的那種生氣勃勃與自由精神。這時，古日耳曼人為自己挑選了光澤的獸皮、富麗雄偉的鹿角、精緻的角杯；而古蘇格蘭人則為他們的慶典挑選了最美麗的貝殼。這時，武器本身也不再只是恐嚇人的物件，而是取悅人的物品，具高度藝術性的劍鞘也不比致人於死的劍刃遜色。自由的遊戲衝動並不滿足於把審美的剩餘納入必然的事物中，它最後會掙脫基本需求的枷鎖，而美本身這時才成為人追求的對象。人裝飾自己、自由的趣味被納入人的需求之列，不必要的多餘事物很快就會成為人之歡樂中的最好部分。

當形式從外部——即在人的住所、人的家庭用具、人的裝扮——逐漸接近人時，形式終於開始占有了人本身，一開始只是改變人的外在，最後改變了人的內在。這種歡樂的無規則跳躍會成為舞蹈，沒有固定姿態的手勢會變成嫵媚而和諧的手勢語言；感覺的含混聲音會進一步發展，開始跟隨節奏，並轉變成歌曲。當特洛伊軍隊尖嚷著像一群鶴般衝進戰場，希臘軍隊則安靜地以高尚的步伐踏進戰場。在特洛伊，我們只看到盲目力量的放縱，在希臘則看到形式的勝利和法則的簡單莊嚴[19]。

美的必然性現在把兩性（die Geschlechter）結合在一起，這內心的交流有助於保持本來由反覆無常、見異思遷的欲望所結合的關係。美的必然性替更為平靜的眼睛掙脫了陰鬱的束縛，把握住了形體，使靈魂與靈魂對望，自私自利的相互取悅變成了寬宏的相互敬慕。欲望擴展並提升成為愛，只要人性出現在欲望的對象中，為了爭取超越意志的更高尚勝利，感官所獲得的微小利益也會遭到鄙棄。取悅於人的需求使強大者也屈服於審美趣味的溫柔判決下；強大者可以掠奪樂趣，

18 當人進入享受狀態所創造的事物，就不再只是如滿足基本需求而創造的東西那樣，為了服務特定目的而存在。

19 在第六封與第十五封信中，席勒都以希臘作為人性典範的例子。

但愛必須是贈與[20]；強大者只能藉由形式而非藉由物質去取得這種更高的獎賞。但強大者必須停止作為力量去觸動感覺，必須停止作為現象去面對知性[21]；因為想要取悅自由，他就必須聽任於自由。當美解決兩性的永恆對抗（這是人最簡單和最純粹的天性爭奪的例子），那麼美也可以解決或至少力求解決在社會發展整體中的衝突，也就是根據美在男性力量和女性力量之間締結的一種自由結合模式，進而調和道德世界中的一切柔和與強烈。現在，柔弱的事物是神聖的，而無法抑制的強大是可恥的；自然的不公平會藉由騎士禮節的寬宏大量獲得改善[22]。羞澀的迷人紅暈卸除了不受暴力威嚇之人的武裝，眼淚窒息了不流血就無法解決的復仇。仇恨本身也要傾聽榮譽的溫柔聲音，征服者的劍也要寬恕已經卸甲的敵人，好客的爐灶也要在向來只以殺戮接待客人的兇險海岸為陌生人冒起炊煙。

在力量的可怕王國和法則的神聖王國之間，審美的創造衝動不知不覺地建造了第三個王國，也就是遊戲和假象的歡樂王國。創造衝動在那裡為人類卸下一切關係的束縛，也讓人擺脫了不論是物質強迫或是道德強迫的一切。

在以權力為動力的國家中，人與人以力量相會，人的活動受到限制；在義務的倫理國家中，人與人以法則的莊嚴對立，但人的意願受限制；那麼在美的往來範圍中，亦即在審美的國度中，人與人只能以形象出現，只能作為自由遊戲的對象而相會。透過自由給予自由，是審美國家的基本法則。

動力國家只能使社會成為可能[23]，因為它是以自然來壓抑自然；倫理國家只能使社會成為（道德的）必然的，因為它讓個人意志臣服於

20 指意志強大者雖然可以突破欲望、物質的限制，進入到享受、提升到審美遊戲而達致審美趣味，但愛（這裡指欲望的最完美形式）則只能在審美判斷中被給予，無法用意志奪取。

21 停止以主動力量去干涉被動的接收，知性的對象是概念而非現象。

22 武力的粗暴野蠻內容也可以在道德形式中成為一種騎士風範。比喻力量可以教化而成為一種禮儀。

23 使社會得以被建立的可能性。

普遍意志之下；只有審美國家可以真正實現社會，因為它是藉由個體的天性來實行整體意志。當需求已經要求人進入社會，且理性在人身上培植了合群社交的原則，那麼就唯有美才可以賦予人合群社交的性格，只有審美趣味可以為社會帶來和諧，因為它餽贈和諧予個體。一切表象的其他形式都使人分裂，因為這些形式要不是讓自己完全建立在人的感性本質上，就是建立在人的精神本質上；只有美的表象才使人成為整體，因為人的兩種本性必須與它和諧一致。其他所有溝通形式都會分裂社會，因為它們要不是讓自己完全只與個人感受有關，就是只和個別成員的私人能力有關[24]，也就是說，都與人和人之間的差異有關。只有美的溝通統一了社會，因為美的溝通是與所有共同體有關。感性的快樂，我們只能以個體的方式來享受，而在我們心中棲居的種屬對此並無法共享；我們無法把我的感性歡樂擴大為普遍的歡樂，因為我們不可能把個體變成普遍。認識的快樂，我們只能在仔細地從我們的判斷中剔除個體的痕跡[25]後，才能以種屬的方式享受[26]；我們不可能使個人的理性快樂變成普遍快樂，因為我們不可能把個體痕跡從別人的判斷中排除，這與從我們自己的判斷中去排除個體痕跡是不一樣的。只有美，我們才能同時以個體和種屬的方式去享受，也就是說，作為種屬的代表去享受美。感性的善只能使一個人幸福，因為感性的善建立在總是與己有關而排他的偏好之上；而且感性的善也只能使一個人得到片面的幸福，因為人格性並無法參與其中[27]。絕對的善只可以在不能假定它是普遍的條件下而使人幸福，因為真理只是否認的代價，只有純粹的心才相信純粹的意志。只有美可以使整個世界幸福，而且

24 指一般社會所具有的溝通方式不是建立在個人感受（如幸福）上，就是建立在個人的不同能力上（如意志）。每個人都只依著各自的幸福去追求、依著各自的意志力量去追求，沒有建立起一種共同關係。

25 喻個體的主觀見解。

26 喻形成普遍化法則。

27 感性是主觀的認識，只有當下產生作用的主體才能感受到。人格性（理性）並沒有參與這個感性過程，因而也無法使這種感受普遍化成為一種法則，而適用所有人。

一旦只要經歷過美的魔法，就會忘記自身的局限。

只要審美趣味在統治、美的假象王國在擴展，就無法容忍任何優先權和專制。這個美的假象王國會向上觸及到理性以絕對必然性統治、且一切物質都消失無蹤的地方；它也會向下延伸到自然衝動以盲目強制支配而形式尚未開始的地方。即使在最外圍、立法的力量被奪走的邊界上，審美趣味也無法奪走其執行的力量。不合群的欲望必須放棄其自私；通常只吸引感性的舒適事物，也要把優雅的網撒在精神領域之上。必然性的嚴厲聲音，也就是義務，必須改變它那套只有遇上反抗才會申辯的公式，必須以更高尚的信任來表達對順服本性的尊重。審美趣味使認識從科學的神祕之中解放到常識的開放天空之中，把學派的私有財產轉變為人類社會的共同財產。在審美趣味的領域中，即使是最偉大的天才也必須放棄他的威嚴，親切地俯向孩童之心[28]。力量必須由優美女神管束，驕傲的獅子也得聽從愛神的駕馭。這種赤裸裸的質料需求會冒犯自由精神的尊嚴，因而審美趣味得為這種需要覆上一層細緻的面紗，並且把它與物質的不光彩關係隱藏在自由的可愛幻影之中[29]。透過審美趣味，為五斗米折腰而創作的藝術也可以振翼飛翔、飛離塵土；用審美趣味的魔棍一碰，不管是無生命或有生命的奴隸制度的枷鎖都會脫落。在審美的國度中，一切事物、甚至使用的工具，都是自由的公民，都與最高貴者擁有同樣的權利，知性本來總是暴力地使順從的、未成形的（duldend）事物屈從於其目的[30]，但在審美的國度中，知性也得徵詢這些未成形事物的意見。在審美假象的國度中，平等的理想會實現，狂熱者也樂於看見這種理想據其本質而實現；如果美的風尚在王位附近[31]會最早並最完善地成熟，如果這說法是真的，

28 天才雖有訂下規則成為典範的能力，但在審美狀態中，他也童心未泯地自由遊戲著。

29 在現實中，人的自然與自由的本性是對立的，人得突破自然的限制才能自由的活動，這樣的可恥關係（因為不是統合的關係，被席勒形容為是可恥的）會在審美狀態中統合，並在享受著美的感受中被隱匿。

30 使對象屈從於人的知性活動下而滿足人的目的。

31 譬喻統治著美的國度的美的理想觀念。

那麼人也必定會明白這是仁慈的安排：人好像因為這種安排而常常受限於現實，但其實這是為了推動人進入一個理想的世界。

但真的存在一個這樣的美的假象國度嗎？在哪裡可以找到它？根據需求，它就存在於任何一個精緻文雅的靈魂中；按照事實，正如純粹的教會和純粹的共和國一樣，人們只能在少數特選的圈子內才能找到。在那裡，不會不道地的模仿外來習俗[32]，而會以自己的美的天性來駕馭行為；在那裡，人以勇敢的質樸和寧靜的無邪應付最糾結的關係[33]，無須為了維護自己的自由而傷害別人的自由，也無須為了表現優雅而拋棄自己的尊嚴。

32 不是模仿最美、最完美的事物，而是人性中就存在著美的本性。

33 承上，美的天性統合了我們天性中的各種對立關係。

國家圖書館出版品預行編目資料

美育書簡：席勒論美與人性 / 弗里德里希・席勒（Johann Christoph Friedrich von Schiller）著；謝宛真譯. -- 初版. -- 臺北市：商周出版：家庭傳媒城邦分公司發行, 2018.08
面；　公分. --(商周教育館；17)
譯自：Über die ästhetische Erziehung des Menschen : in einer Reihe von Briefen
ISBN 978-986-477-480-7 (平裝)

1.美學 2.美育

180　　107008827

商周教育館17

美育書簡（德文全譯本）：席勒論美與人性

編　　著／弗里德里希・席勒（Johann Christoph Friedrich von Schiller）
譯　　者／謝宛真
審　　定／羅麗君
企劃選書／黃靖卉
責任編輯／黃靖卉

版　　權／黃淑敏、吳亭儀、江欣瑜
行銷業務／周佑潔、黃崇華、張媖茜
總 編 輯／黃靖卉
總 經 理／彭之琬
事業群總經理／黃淑貞
發 行 人／何飛鵬
法律顧問／元禾法律事務所 王子文律師
出　　版／商周出版
台北市 104 民生東路二段 141 號 9 樓
電話：(02) 25007008　傳真：(02)25007759
E-mail：bwp.service@cite.com.tw
Blog：http://bwp25007008.pixnet.net/blog
發　　行／英屬蓋曼群島商家庭傳媒股份有限公司 城邦分公司
台北市中山區民生東路二段 141 號 2 樓
書虫客服服務專線：02-25007718；25007719
服務時間：週一至週五上午 09:30-12:00；下午 13:30-17:00
24 小時傳真專線：02-25001990；25001991
劃撥帳號：19863813；戶名：書虫股份有限公司
讀者服務信箱：service@readingclub.com.tw
城邦讀書花園：www.cite.com.tw
香港發行所／城邦（香港）出版集團有限公司
香港灣仔駱克道 193 號東超商業中心 1 樓；E-mail：hkcite@biznetvigator.com
電話：(852) 25086231　傳真：(852) 25789337
馬新發行所／城邦（馬新）出版集團 Cite (M) Sdn. Bhd.
41, Jalan Radin Anum, Bandar Baru Sri Petaling,
57000 Kuala Lumpur, Malaysia.
Tel: (603) 90578822　Fax: (603) 90576622　Email: cite@cite.com.my

封面設計／廖韡
排　　版／極翔企業有限公司
印　　刷／中原造像股份有限公司
經 銷 商／聯合發行股份有限公司
電話:(02)2917-8022　傳真（02）2911-0053
地址:新北市231新店區寶橋路235巷6弄6號2樓

■ 2018 年 8 月 16 日初版一刷
■ 2022 年 3 月 11 日初版 2.5 刷　　Printed in Taiwan

定價 320 元

感謝歌德學院(台北)德國文化中心 協助 The translation of this work was supported by a grant from the Goethe-Institut.
歌德學院(台北)德國文化中心是德國歌德學院(Goethe-Institut)在台灣的代表機構，五十餘年來致力於德語教學、德國圖書資訊及藝術文化的推廣與交流，不定期與台灣、德國的藝文工作者攜手合作，介紹德國當代的藝文活動。

歌德學院(台北)德國文化中心
Goethe-Institut Taipei
地址：100 臺北市和平西路一段 20 號 6/11/12 樓
電話：02-2365 7294
傳真：02-2368 7542
網址：http://www.goethe.de/taipei

城邦讀書花園
www.cite.com.tw

 ISBN 978-986-477-480-7

商周出版

廣　告　回　函
北區郵政管理登記證
北臺字第000791號
郵資已付，免貼郵票

104　台北市民生東路二段141號2樓

英屬蓋曼群島商家庭傳媒股份有限公司城邦分公司　收

請沿虛線對摺，謝謝！

商周出版

書號：BUE017	書名：美育書簡	編碼：

請於此處用膠水黏貼

商周出版

讀者回函卡

感謝您購買我們出版的書籍！請費心填寫此回函卡，我們將不定期寄上城邦集團最新的出版訊息。

線上版讀者回函卡

姓名：＿＿＿＿＿＿＿＿＿＿ 性別：☐男 ☐女

生日：西元＿＿＿＿年＿＿＿＿月＿＿＿＿日

地址：＿＿＿＿＿＿＿＿＿＿

聯絡電話：＿＿＿＿＿＿＿＿ 傳真：＿＿＿＿＿＿＿＿

E-mail ：

學歷：☐ 1. 小學 ☐ 2. 國中 ☐ 3. 高中 ☐ 4. 大學 ☐ 5. 研究所以上

職業：☐ 1. 學生 ☐ 2. 軍公教 ☐ 3. 服務 ☐ 4. 金融 ☐ 5. 製造 ☐ 6. 資訊

☐ 7. 傳播 ☐ 8. 自由業 ☐ 9. 農漁牧 ☐ 10. 家管 ☐ 11. 退休

☐ 12. 其他＿＿＿＿＿＿＿＿

您從何種方式得知本書消息？

☐ 1. 書店 ☐ 2. 網路 ☐ 3. 報紙 ☐ 4. 雜誌 ☐ 5. 廣播 ☐ 6. 電視

☐ 7. 親友推薦 ☐ 8. 其他＿＿＿＿＿＿＿＿

您通常以何種方式購書？

☐ 1. 書店 ☐ 2. 網路 ☐ 3. 傳真訂購 ☐ 4. 郵局劃撥 ☐ 5. 其他＿＿＿＿

您喜歡閱讀那些類別的書籍？

☐ 1. 財經商業 ☐ 2. 自然科學 ☐ 3. 歷史 ☐ 4. 法律 ☐ 5. 文學

☐ 6. 休閒旅遊 ☐ 7. 小說 ☐ 8. 人物傳記 ☐ 9. 生活、勵志 ☐ 10. 其他

對我們的建議：＿＿＿＿＿＿＿＿＿＿

請於此處用膠水黏貼